W9-AOS-009

Calendario de Fiestas del Mundo

Dirección colección: Cristina Concellón
Traducción: Fina Marfà
Coordinación producción: Elisa Sarsanedas

Publicado por primera vez en Gran Bretaña en 1998 por Barefoot Books
124 Walcot Street, Bath, BA1 5BG

1ª edición: octubre 2006
ISBN: 84-8452-418-3

Impreso en China

Impreso en papel exento de cloro.

CALENDARIO DE FIESTAS DEL MUNDO

NARRACIONES DE
CHERRY GILCHRIST
ILUSTRACIONES DE
HELEN CANN

Intermón Oxfam

Índice

Introducción

Las fiestas son ocasión de gozo y alegría y se celebran en todo el mundo, dondequiera que vivamos. Participar en una fiesta es como formar parte de una historia. En Navidad, cuando ponemos el belén o participamos en la cabalgata de los Reyes, nos convertimos en parte de la historia de la Navidad. Es como si el nacimiento de Jesús pasara ahora, no en un pasado lejano. Como la mayoría de las fiestas se repiten todos los años, cada año tenemos la oportunidad de recordar la historia y representarla.

Todas las sociedades, si nos remontamos a la antigüedad, han celebrado fiestas en momentos especiales del año: el inicio de la primavera, por ejemplo, o el primer día del año. Marcamos el ritmo de nuestro calendario mediante celebraciones y muchas veces hay tradiciones especiales que nacen para "ayudar" a las estaciones a seguir adelante, para hacer crecer el trigo o madurar las manzanas. Estas costumbres se llaman rituales, y son una especie de representación teatral. Se encienden hogueras para alejar a los malos espíritus o se brinda para llamar a la buena suerte.

Todas las religiones tienen sus festividades; con ellas a menudo se celebra algún acontecimiento importante de la vida de los dioses o de los maestros de esa religión. En este libro encontraréis historias sobre Krishna, Buda y Jesús. Las fiestas de las que hablamos hacen revivir la historia y nos

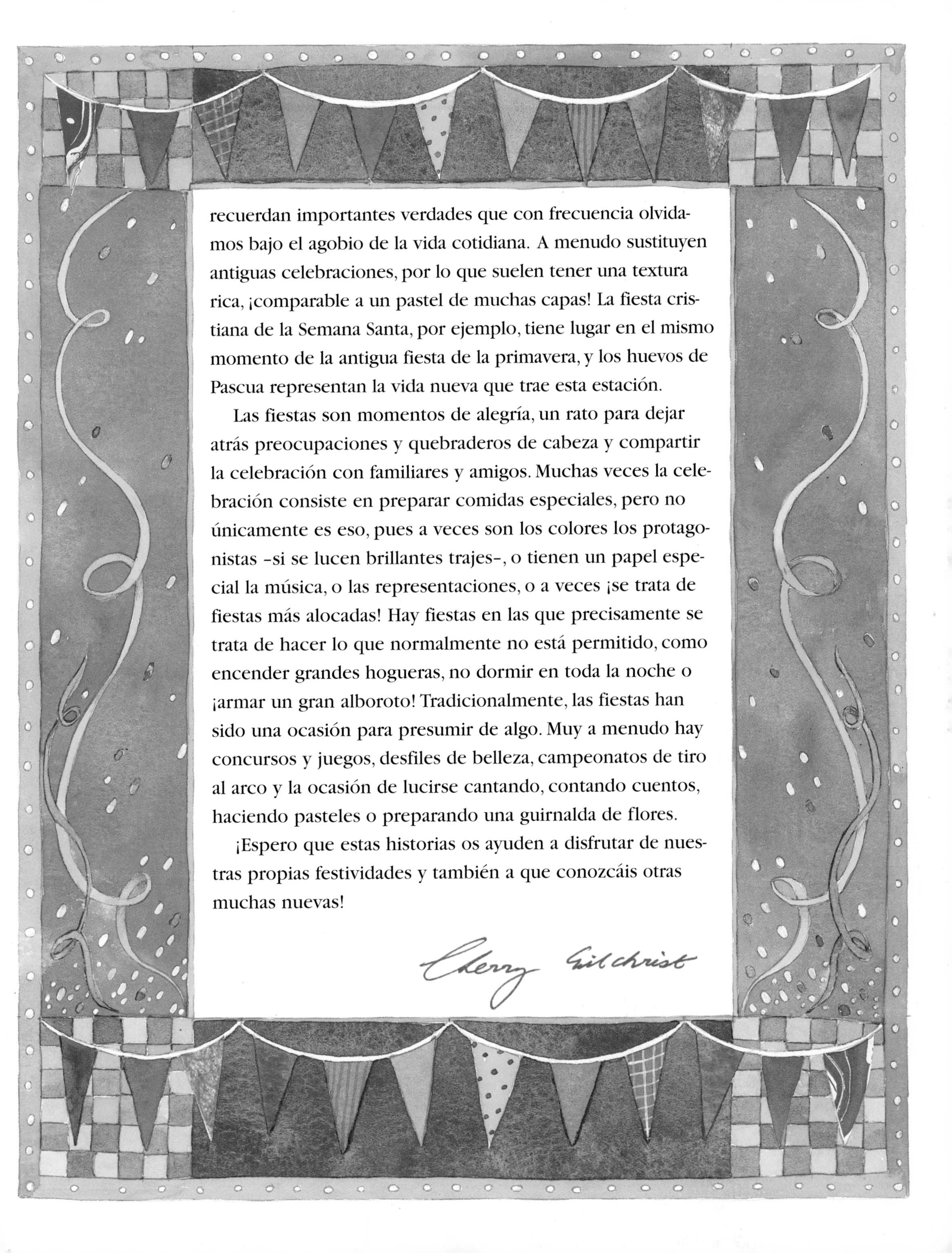

recuerdan importantes verdades que con frecuencia olvidamos bajo el agobio de la vida cotidiana. A menudo sustituyen antiguas celebraciones, por lo que suelen tener una textura rica, ¡comparable a un pastel de muchas capas! La fiesta cristiana de la Semana Santa, por ejemplo, tiene lugar en el mismo momento de la antigua fiesta de la primavera, y los huevos de Pascua representan la vida nueva que trae esta estación.

Las fiestas son momentos de alegría, un rato para dejar atrás preocupaciones y quebraderos de cabeza y compartir la celebración con familiares y amigos. Muchas veces la celebración consiste en preparar comidas especiales, pero no únicamente es eso, pues a veces son los colores los protagonistas –si se lucen brillantes trajes–, o tienen un papel especial la música, o las representaciones, o a veces ¡se trata de fiestas más alocadas! Hay fiestas en las que precisamente se trata de hacer lo que normalmente no está permitido, como encender grandes hogueras, no dormir en toda la noche o ¡armar un gran alboroto! Tradicionalmente, las fiestas han sido una ocasión para presumir de algo. Muy a menudo hay concursos y juegos, desfiles de belleza, campeonatos de tiro al arco y la ocasión de lucirse cantando, contando cuentos, haciendo pasteles o preparando una guirnalda de flores.

¡Espero que estas historias os ayuden a disfrutar de nuestras propias festividades y también a que conozcáis otras muchas nuevas!

Cherry Gilchrist

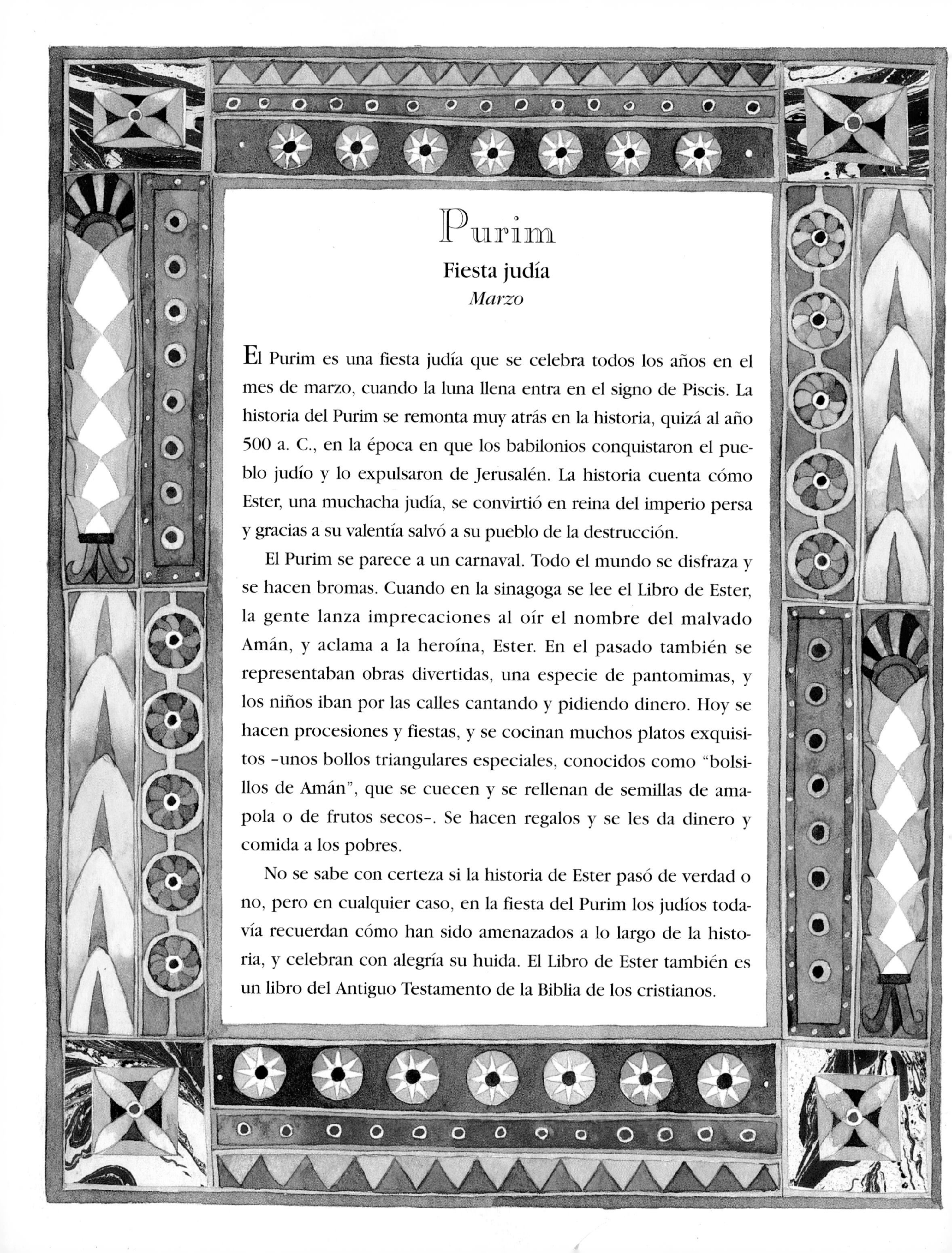

Purim

Fiesta judía

Marzo

El Purim es una fiesta judía que se celebra todos los años en el mes de marzo, cuando la luna llena entra en el signo de Piscis. La historia del Purim se remonta muy atrás en la historia, quizá al año 500 a. C., en la época en que los babilonios conquistaron el pueblo judío y lo expulsaron de Jerusalén. La historia cuenta cómo Ester, una muchacha judía, se convirtió en reina del imperio persa y gracias a su valentía salvó a su pueblo de la destrucción.

El Purim se parece a un carnaval. Todo el mundo se disfraza y se hacen bromas. Cuando en la sinagoga se lee el Libro de Ester, la gente lanza imprecaciones al oír el nombre del malvado Amán, y aclama a la heroína, Ester. En el pasado también se representaban obras divertidas, una especie de pantomimas, y los niños iban por las calles cantando y pidiendo dinero. Hoy se hacen procesiones y fiestas, y se cocinan muchos platos exquisitos –unos bollos triangulares especiales, conocidos como "bolsillos de Amán", que se cuecen y se rellenan de semillas de amapola o de frutos secos–. Se hacen regalos y se les da dinero y comida a los pobres.

No se sabe con certeza si la historia de Ester pasó de verdad o no, pero en cualquier caso, en la fiesta del Purim los judíos todavía recuerdan cómo han sido amenazados a lo largo de la historia, y celebran con alegría su huida. El Libro de Ester también es un libro del Antiguo Testamento de la Biblia de los cristianos.

La historia de Ester

El rey Asuero de Persia reinaba en un vasto imperio que se extendía desde África hasta la India. Al cumplirse los tres años de su mandato, decidió celebrarlo. Primero expuso sus tesoros reales a la vista de los oficiales de su imperio para que los admiraran. Después ofreció un espléndido banquete a todos los habitantes de la ciudad de Susa, tanto ricos como pobres.

Las fiestas duraron siete días, durante los cuales todo fue comer y beber, y el rey participó en ellas con la misma alegría que todos los demás. Pero al séptimo día, habiendo bebido demasiado, el rey Asuero decidió que todos los que habían ido a visitarle también tenían que admirar a su bella esposa y envió a sus criados a buscarla. La reina Vasti ofrecía su propio banquete en la zona del palacio reservada a las mujeres y rehusó la invitación. ¿Por qué tenía que ser expuesta ante aquel grupo de desconocidos para que la miraran? El rey se enfureció y les preguntó a sus consejeros qué debía hacer. Le aconsejaron que la castigara.

"Tienes que expulsar a Vasti del palacio. ¡Si no, todas las mujeres del imperio empezarán a desobedecer a sus maridos! ¡Enséñales qué les pasa a las mujeres que se comportan así!".

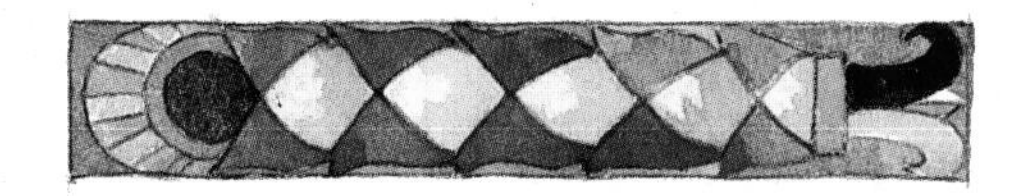

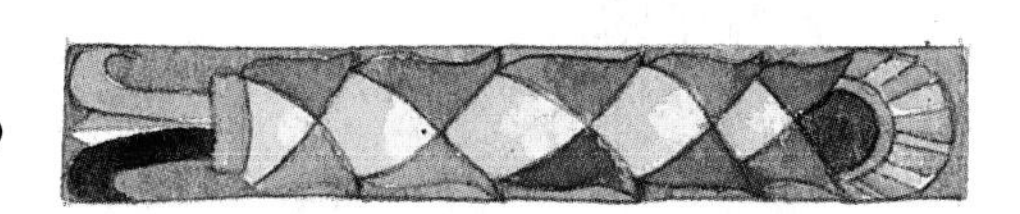

El rey siguió su consejo y echó a Vasti. Entonces decidió buscar una nueva reina y mandó enviados a todo el reino para que le trajeran a palacio las muchachas más hermosas que hallaran. Una vez en el palacio, las jóvenes tomarían baños de aceite perfumados y recibirían tratamientos de belleza durante un año entero antes de considerarlas preparadas para ser presentadas al rey, quien elegiría a una de ellas.

Entre estas jóvenes se encontraba una preciosa chica judía llamada Ester que muy pronto se convirtió en una de las favoritas del palacio. No tenía padres, pero todos los días su tío Mardoqueo iba a preguntar cómo estaba. La familia de Mardoqueo había llegado a Persia como esclavos, y el hombre cuidaba a Ester como si fuera hija suya. Pero nadie sabía que Ester y Mardoqueo eran judíos, y Mardoqueo le había dicho que debían mantenerlo en secreto.

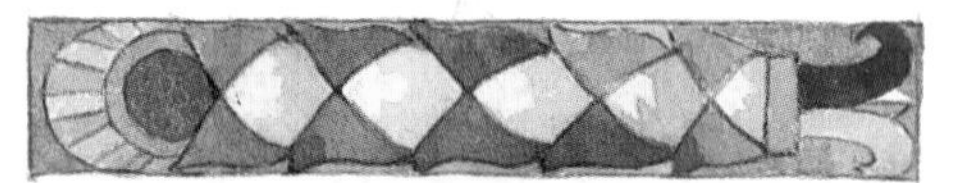

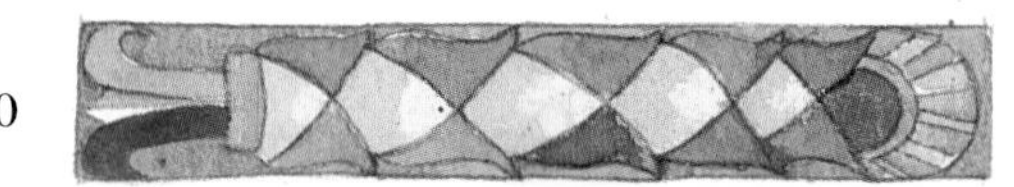

Al ver a Ester por primera vez el rey Asuero enseguida se enamoró de ella. Le puso la corona en la cabeza y la convirtió en la nueva reina. Era tan feliz, que ofreció un festín en su honor, hizo regalos y ordenó un día de fiesta general para celebrarlo.

Mardoqueo seguía yendo a la corte, pero nadie sabía que él y Ester eran parientes ni tampoco que eran judíos. Entonces, un día, Mardoqueo oyó a dos guardias que se conchababan para matar al rey, y sin pérdida de tiempo se fue a decírselo a la reina Ester. Aquellos dos hombres fueron encarcelados inmediatamente y el reinado de Asuero siguió sin contratiempos. Mardoqueo no recibió compensación alguna por ello, pero a él no le importaba. Era bien recibido en la corte, y Ester era feliz: lo demás no tenía ninguna importancia.

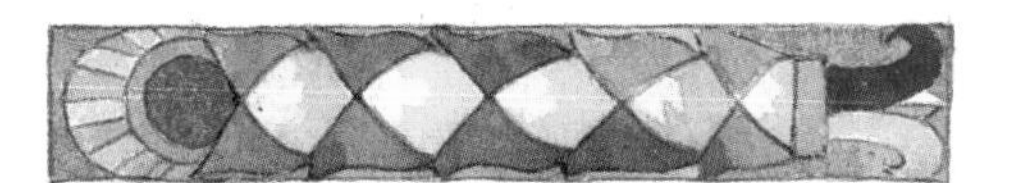

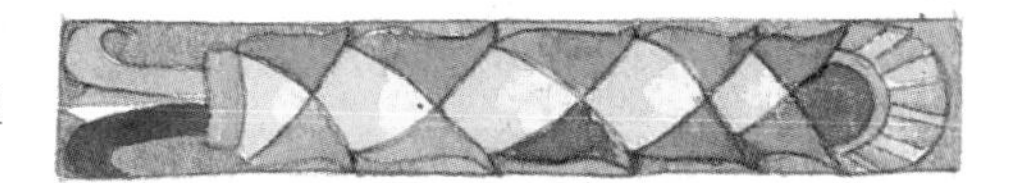

Pero entonces uno de los oficiales del rey, Amán, comenzó a ser presa de la ambición. Asuero le había otorgado especial autoridad en la corte, y Amán se había vuelto muy arrogante. Muchos oficiales y cortesanos se inclinaban a su paso, pero Mardoqueo no. A Amán eso no le gustaba nada. No se sabe cómo, pero descubrió que Mardoqueo era judío y decidió vengarse de él castigando a todos los judíos que vivían en el imperio persa.

-Majestad -le dijo al rey-, hay personas de una raza viviendo en vuestro reino que son muy peligrosas; obedecen sus propias leyes y no las vuestras, y con ello sólo hacen que amenazar la seguridad de vuestro reino. Mi opinión es que deberían ser destruidas, y si queréis, yo mismo puedo hacerlo. Hasta pagaré una importante cantidad de plata a vuestro tesoro si me permitís llevarlo a cabo.

-Guardaos vuestro dinero, pero haced lo que creáis necesario -dijo el rey.

Y así fue como Amán envió cartas a todos los rincones del imperio con la orden de que había que matar a todos los judíos: hombres, mujeres y niños. Los mensajeros ya habían partido a todo correr, y el rey y Amán se sentaron juntos para beber animadamente. Pero en la ciudad de Susa todos estaban tristes y preocupados por las noticias que acababan de llegarles.

Mardoqueo estaba desesperado. Se puso una túnica de saco y anduvo por las calles llorando amargamente. Cuando lo oyó Ester, que no sabía qué había pasado, envió a uno de sus criados para que averiguara cuál

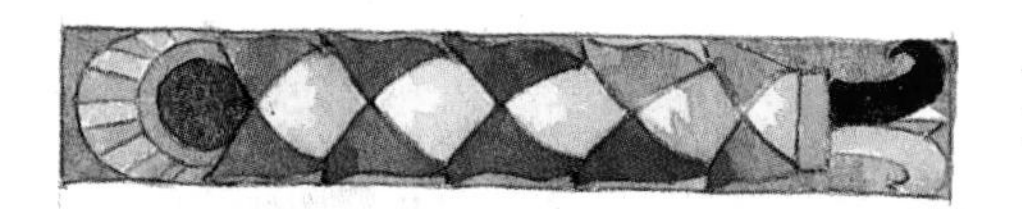

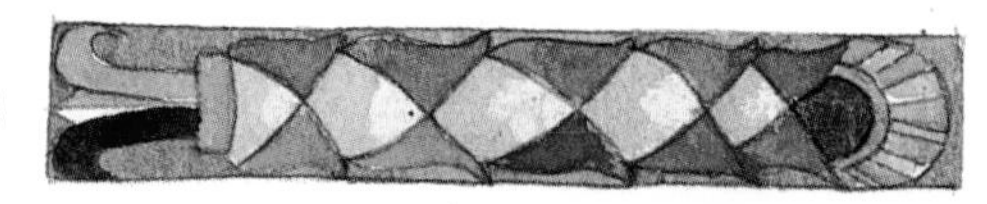

era el problema. Pero al enterarse de las espantosas noticias, no supo ver cómo podía ayudar. Ni siquiera se le ocurrió que podía hablar con el rey.

–Como todo el mundo sabe, nadie, ni la misma reina, puede hablar al rey sin permiso –le dijo a Mardoqueo–. No me hace llamar para verle desde hace treinta días. Si entro en el patio de sus dependencias, me matará inmediatamente salvo que sostenga con la mano el cetro en señal de que soy bienvenida.

–Pero piensa que tienes la oportunidad de ayudar a tu pueblo, Ester –contestó Mardoqueo–. Quizá sea la verdadera razón por la que te has convertido en reina. Si no lo intentas, morirás de todos modos cuando descubran que eres judía.

Y por este motivo Ester decidió arriesgar su vida. Se vistió la túnica real y con toda la valentía entró en el patio interior de las dependencias del rey. Éste, cuando la vio, tomó el cetro de oro en señal de bienvenida. ¡No la mataría!

–¿Qué quieres, reina Ester? –preguntó el rey afablemente–. Me pidas lo que me pidas, te lo concederé, hasta si me pides la mitad de mi reino.

–Majestad –dijo Ester–, he venido para invitaros a un banquete que he preparado.

El rey llevó a Amán al banquete de Ester para que viera lo maravillosa que era la reina, y, tras haber bebido un poco de vino, se sintió más enamorado todavía.

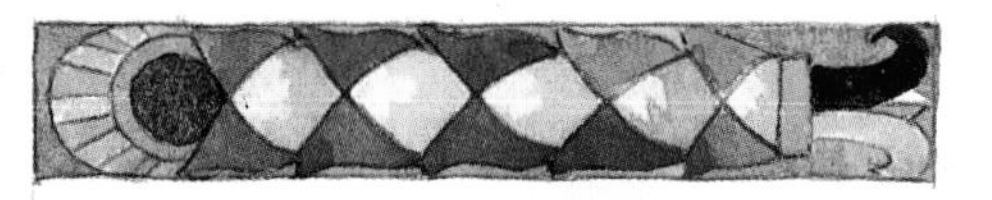

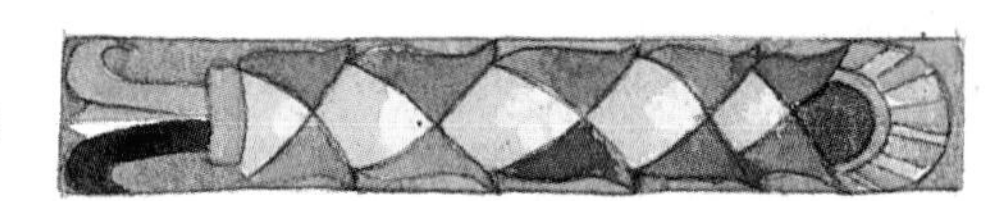

-Sea lo que sea lo que desees, lo tendrás, incluso si quieres la mitad de mi reino.

-Por favor, Majestad, volved mañana con Amán a otro banquete y os comunicaré lo que deseo.

El rey accedió, y Ester empezó a preparar el segundo banquete.

Entretanto, Amán, cuando llegó a casa, sólo hacía que presumir delante de su mujer, Zeres, y sus amigos de lo importante que era en la corte.

-La reina Ester me ha invitado a su banquete -les dijo a todos vanidosamente.

Pero al mismo tiempo estaba furioso porque había vuelto a ver a Mardoqueo en el palacio, y sobre todo porque éste no se había inclinado a su paso. Ahora Amán tomó la decisión de deshacerse de él.

-Construid una horca ahora mismo para colgarlo -le sugirió su esposa, y los amigos asintieron.

-Pídele permiso al rey mañana por la mañana, y luego asegúrate de que se lleve a cabo -le dijeron-. ¡Así podrás acudir al banquete de un humor excelente!

Amán pensó que el plan era inmejorable e hizo que prepararan la horca.

Pero aquella noche, el rey no podía dormir. Para pasar el rato, decidió leer unos archivos reales. Cuando llegó a la historia de cómo Mardoqueo le había salvado de los malvados guardias, les preguntó a los cortesanos:

-¿Qué recompensa le hemos dado a Mardoqueo por este hecho?

-Ninguna -contestaron.

En aquel preciso momento, el rey vio a alguien que se movía por el patio exterior del palacio a la incierta luz de la madrugada.

-¿Quién sois?

-Soy yo -dijo Amán-, que he venido a convencer al rey para que cuelgue a Mardoqueo.

-Amán, ¿qué creéis que debería hacer un rey por un hombre al que quisiera honrar? -preguntó Asuero.

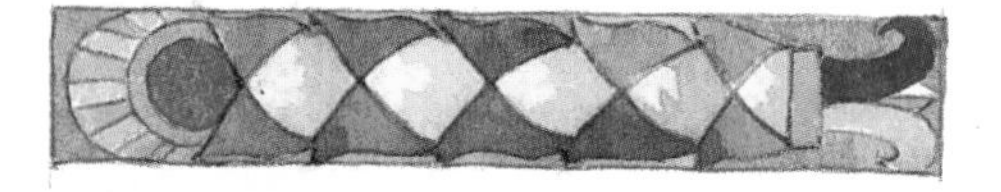

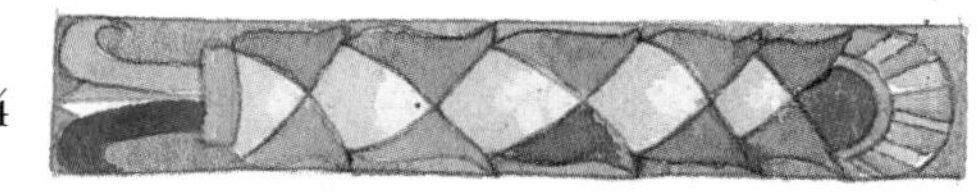

A Amán le complacieron mucho las palabras del monarca ya que interpretó que era voluntad del rey darle más honor y poder.

-Vestirlo con ropajes reales, Majestad, y hacerle desfilar por la ciudad montado en un caballo real para que todo el mundo lo viera.

-¡Qué magnífica idea! -exclamó el rey-. Eso haremos. Id a buscar la ropa y el caballo enseguida... para Mardoqueo. ¡Y vos mismo os encargaréis de acompañarlo por la ciudad!

Amán estaba furioso, pero no podía decir nada. Se vio obligado a hacer lo que el rey le decía, y tuvo que conducir al hombre que odiaba triunfante por las calles de la ciudad de Susa.

Aquel mismo día, un poco más tarde, el rey y Amán fueron a cenar otra vez al convite de la reina Ester. Y otra vez había mucho vino para beber, y el rey le pidió a Ester con ternura que le dijera lo que quería.

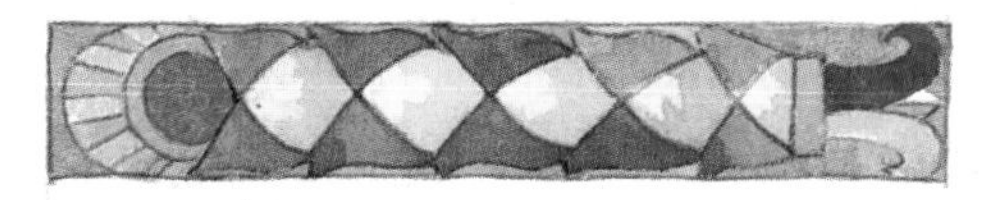

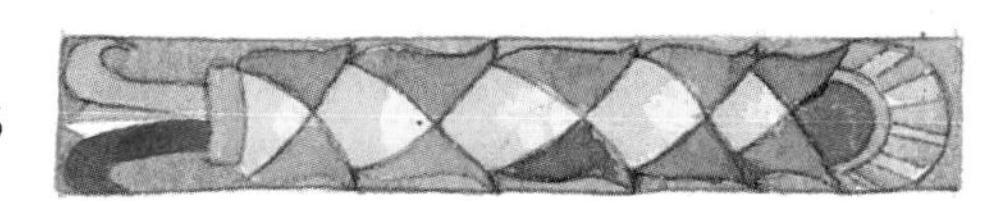

–Majestad, os pido que salvéis a mi pueblo, los judíos –respondió arriesgadamente–. Han dado la orden de que deben matarnos a todos.

–¿Quién ha dado esa orden? –preguntó el rey con gran sorpresa.

–Ese hombre malvado que tenéis junto a vos –dijo Ester señalando a Amán.

–¡¿Cómo?! –exclamó el rey.

Y se sulfuró tanto que tuvo que salir al jardín para calmarse un poco.

Atemorizado por la ira del rey, Amán le suplicó a Ester que le salvara la vida, y lo hizo obligándola a tumbarse sobre los cojines para ver si así asentía.

En aquel mismo instante, volvió el rey.

–¡Cómo os atrevéis a atacar a mi reina! –dijo chillando–. ¡Llevaos a este hombre y ahorcadlo!

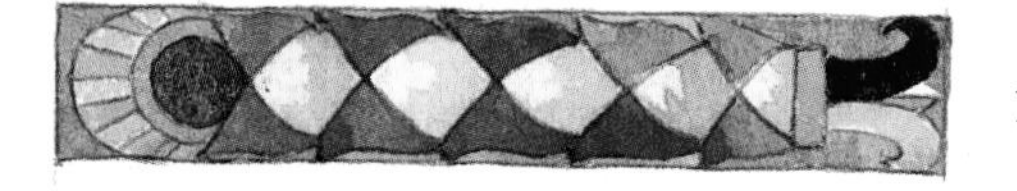

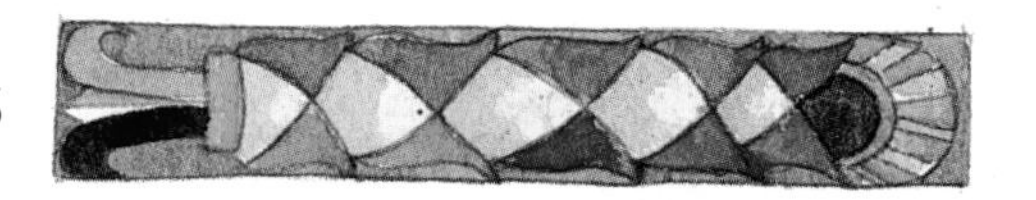

Y así fue como cogieron a Amán y lo colgaron en la horca que él mismo había hecho construir para Mardoqueo. A partir de entonces, los judíos pudieron vivir libremente en el imperio del rey Asuero. En prueba de agradecimiento, el rey nombró a Mardoqueo primer consejero, ahora sabiendo que era el tío de Ester. Mardoqueo fue recordado como un gobernante bondadoso y sabio, apreciado por todos -no sólo por los judíos, a los que había salvado-. Y más adelante, los judíos acordaron que todos los años celebrarían una fiesta para recordar el momento en que Mardoqueo y la reina Ester acudieron a salvarlos.

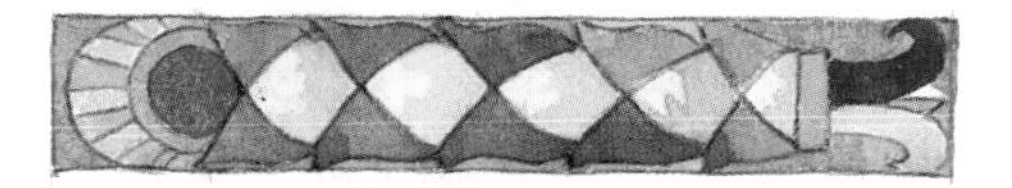

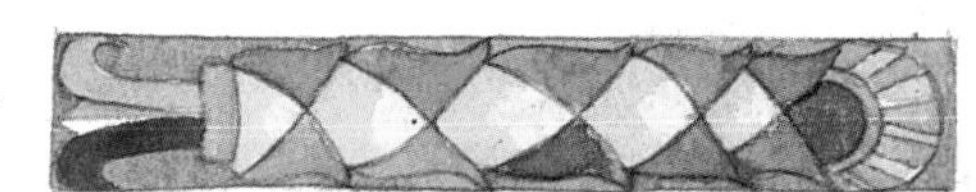

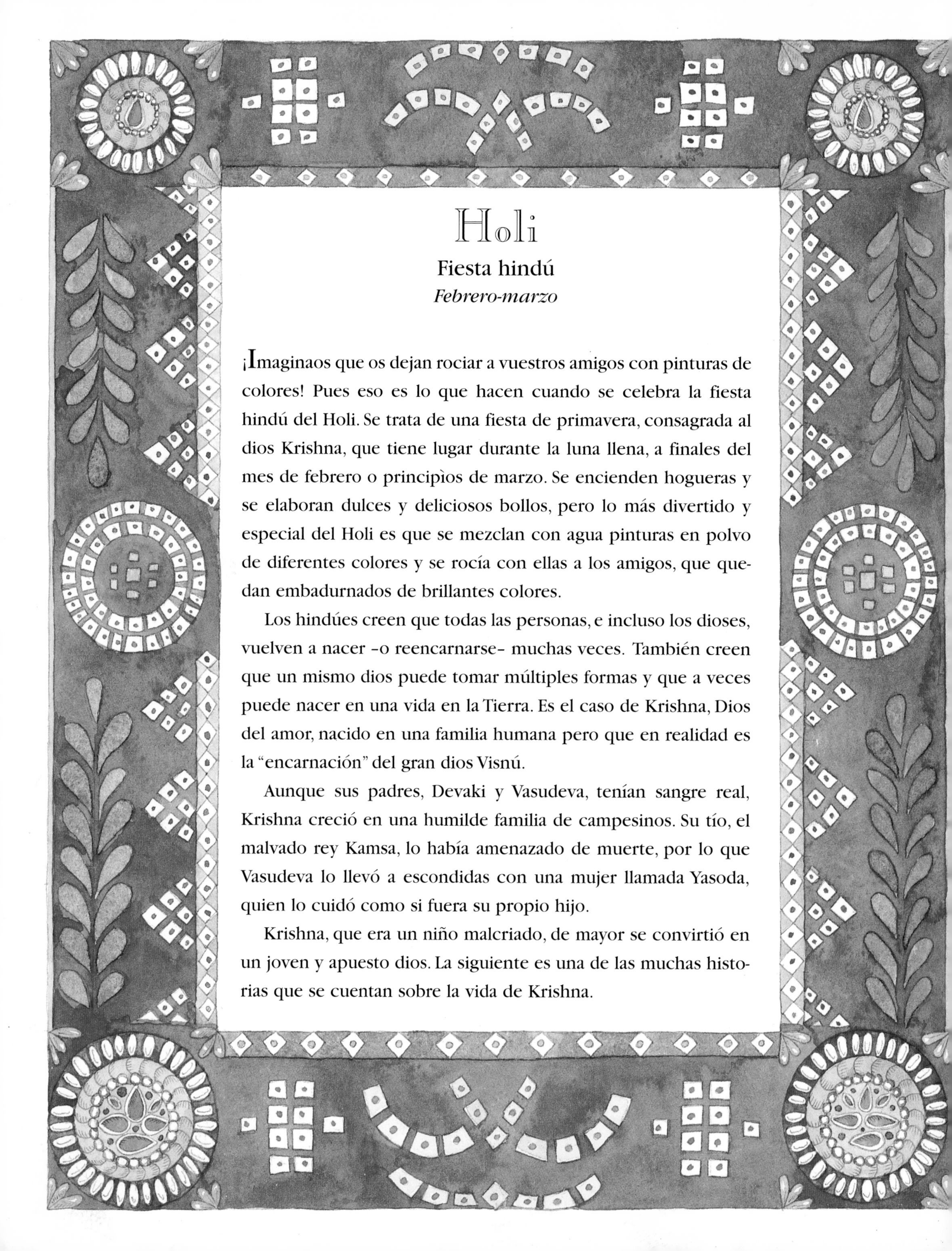

Holi

Fiesta hindú

Febrero-marzo

¡Imaginaos que os dejan rociar a vuestros amigos con pinturas de colores! Pues eso es lo que hacen cuando se celebra la fiesta hindú del Holi. Se trata de una fiesta de primavera, consagrada al dios Krishna, que tiene lugar durante la luna llena, a finales del mes de febrero o principios de marzo. Se encienden hogueras y se elaboran dulces y deliciosos bollos, pero lo más divertido y especial del Holi es que se mezclan con agua pinturas en polvo de diferentes colores y se rocía con ellas a los amigos, que quedan embadurnados de brillantes colores.

Los hindúes creen que todas las personas, e incluso los dioses, vuelven a nacer –o reencarnarse– muchas veces. También creen que un mismo dios puede tomar múltiples formas y que a veces puede nacer en una vida en la Tierra. Es el caso de Krishna, Dios del amor, nacido en una familia humana pero que en realidad es la "encarnación" del gran dios Visnú.

Aunque sus padres, Devaki y Vasudeva, tenían sangre real, Krishna creció en una humilde familia de campesinos. Su tío, el malvado rey Kamsa, lo había amenazado de muerte, por lo que Vasudeva lo llevó a escondidas con una mujer llamada Yasoda, quien lo cuidó como si fuera su propio hijo.

Krishna, que era un niño malcriado, de mayor se convirtió en un joven y apuesto dios. La siguiente es una de las muchas historias que se cuentan sobre la vida de Krishna.

Cómo Krishna robó la mantequilla

-¡Oh, no! -dijo Yasoda cuando vio al pequeño grupo de mujeres del pueblo que se acercaba a su casa. Sabía que a lo que venían era a quejarse de lo mismo de siempre-. ¿Eh, Krishna, qué trastada has hecho esta vez?

-Yo, nada, mamá -contestó el joven dios Krishna, abriendo mucho sus inocentes ojos.

El niño sonrió con tanta dulzura que la mujer le perdonó de todo corazón sin tener en cuenta lo que hubiera hecho.

-¿Nada? -dijo la mujer que iba encabezando el grupo-. ¿Nada, dice? Pues ¿quién ha abierto el cercado de las vacas esta mañana? ¡Corrían por todos lados!

-¿Y quién -dijo otra- me ha cogido la olla con la comida y se la ha dado a los monos? ¡He pillado a uno sentado con su sucia y pringosa mano dentro de la comida que tanto me ha costado preparar!

-¿Y quién -dijo aún una tercera- vino a mi casa, amontonó los cojines y se subió encima para jugar con mis joyas?

-¡Pero si no es más que un niño! -dijo con tono de súplica Yasoda-. ¡Sólo quiere jugar!

-¡Jugar! -repitió Krishna.

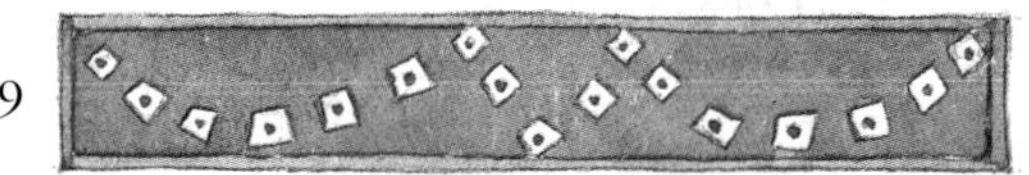

Una de las mujeres le dirigió una sonrisa. ¡Qué encanto de niño! ¿Quién podía pensar que sus travesuras fueran algo más que un juego? Pero la que mandaba en el grupo no se dejó convencer tan fácilmente.

–Mira, Krishna, todo esto hacía mucha gracia cuando eras pequeño y andabas a gatas. Entonces, todo te lo perdonábamos, a ti y a tus amigos. Pero estás hecho un grandullón. Debes aprender a ser responsable y a no molestar ni a nosotras ni a tu madre con tus trastadas.

Pero a ella también se le había pasado el enojo. Nadie podía estar enfadado con él mucho tiempo. Y Krishna no tenía ninguna intención de convertirse en uno de aquellos niños serios y bien educados. ¡Al fin y al cabo, era un dios!, su misión era mostrar que el mundo era hermoso y alegre.

Krishna adoraba las flores de la primavera y la corriente del río, el sonido del viento entre las hojas, la perfumada fragancia de la madrugada. Y, además de todo eso, era incapaz de dejar de gastar bromas. Era lo que más le gustaba del mundo.

Al cabo de algún tiempo, Yasoda se encontró con que tenía mucha leche para hacer mantequilla y un día se levantó temprano para batirla. Daba vueltas a la pala con tanta energía y con unos golpes tan fuertes que pareció que había estallado un trueno dentro de casa. El ruido despertó a Krishna, que se incorporó en la cama asustado.

–¡Mamá! ¡Mamá! –gritó.

Pero como nadie acudió, Krishna salió de la cama para ir a buscar a Yasoda. Cuando vio lo que estaba haciendo, empezó a protestar.

–¡Mamá, ya está bien, te he llamado y no has venido! ¿Todavía no has terminado tu trabajo? ¿Y mi desayuno?

–¡Bah, Krishna –dijo Yasoda, dándole besos–, no te enfades! Ahora te doy un poco de pan con requesón para matar el hambre antes de acabar de batir la mantequilla.

Le puso un tazón delante. Pero, en aquel momento, la leche que estaba calentando en la cocina empezó a hervir y tuvo que irse a todo correr para que no se sobrara.

A Krishna le gustaban los suaves grumos de queso que quedaban después de batir la leche para hacer la mantequilla. ¡Pero la mantequilla le gustaba aún más! Algunos de sus amigos estaban jugando fuera y les llamó para que entraran a su casa. Entonces, todos se pusieron a comer la mantequilla que la pobre Yasoda había tardado tanto en hacer.

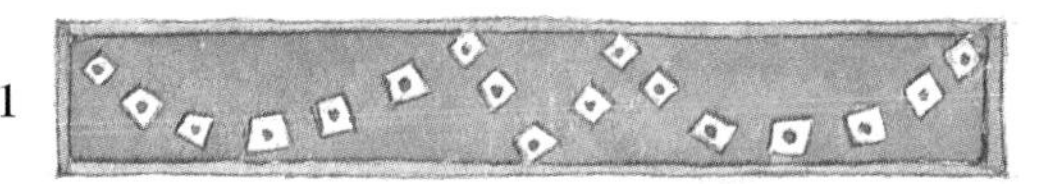

Y por si fuera poco, ¡Krishna rompió la olla en la que su madre había puesto el requesón y partió en dos la pala de batir la mantequilla! Y luego, riéndose alegremente, él y sus amigos salieron a la calle para comerse la mantequilla.

-¡Venid, monos, venid! -dijo dando gritos-. ¡Bajad de los árboles! ¡Venid a compartir el banquete, si gustáis!

Cuando Yasoda vio lo que había hecho Krishna, se subió por las paredes. Krishna intentó camelarla a base de miradas inocentes, sonrisas tiernas y besos muy dulces, pero por primera vez Yasoda no le hizo caso.

-¡Prepárate, porque te va a caer una buena azotaina! -le dijo dando voces.

Krishna huyó todo lo deprisa que sus piernas le permitieron, pero Yasoda era más rápida y enseguida lo pilló.

-¡Ya te tengo! -le dijo.

Krishna puso tal cara de susto que la mujer cedió.

-¡Mira, Krishna, por esta vez te libras de la azotaina! -Krishna se rió por

debajo de la nariz, pero Yasoda continuó–: pero sí que voy a castigarte. Esto no puede quedar así. Ven conmigo –le dijo muy seria.

Le llevó al cuarto donde estaba el pilón de machacar las especias. Había pensado que si ataba a Krishna, tal vez así conseguiría tener un rato de tranquilidad.

Yasoda encontró un trozo de cuerda y ató a Krishna por una punta y la otra la ató al pilón. Pero la cuerda era un poco corta. Y fue a buscar otro trozo. ¡Pero también esta vez resultó ser corta! Lo probó con otro trozo, y con otro y con otro, pero la cuerda no era nunca lo bastante larga para atar a Krishna al pilón. Era una de las bromas del chiquillo. ¡El pequeño dios quería ser libre!

Al final, al ver que Yasoda estaba tan cansada y furiosa, le dio pena a Krishna y dejó que la cuerda se alargara y diera toda la vuelta al pilón y lo atara a él.

–¡Gracias a Dios! –dijo Yasoda–. ¡Ahora podré acabar mis tareas!

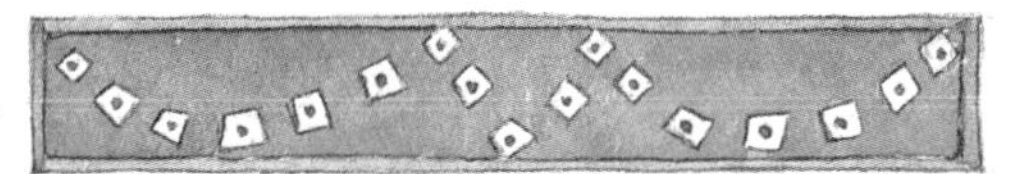

Pero no sabía lo fuerte que era Krishna. El niño logró atravesar toda la casa, arrastrando el enorme y pesado pilón a sus espaldas, y llegó hasta el patio, cerca de los dos árboles arjuna que allí había. ¡Entonces empezó a dar tirones del pesado pilón y a moverlo con tanta fuerza que iba dando golpes contra los árboles y arrancándolos de cuajo!

Y ¿qué pasó? ¡Pues que no eran árboles normales y corrientes porque de los troncos caídos salieron dos hombres!

Inmediatamente reconocieron a quien les había salvado.

–¡Gracias, Krishna; gracias, señor! –dijeron, inclinándose ante el joven dios–. Nos tenía cautivos en estos árboles el sabio maestro Narada. ¡Nos hizo un maleficio por culpa de nuestra soberbia! Pero ahora ya no somos soberbios. ¡Nos hemos redimido de nuestro pecado!

Se pusieron a andar respetuosamente alrededor de Krishna formando un corro, y le hicieron otra reverencia. Entonces se fueron a las montañas del Himalaya en solemne peregrinación.

El ruido de los árboles al caer había sido espantoso y todos fueron corriendo hasta allí. Las vacas estaban tan asustadas que rompieron las cuerdas que las ataban y salieron en estampida por el pueblo.

Yasoda no sabía qué pensar. ¿Qué lío habría armado ahora su pequeño? Pero se tranquilizó al verlo sano y salvo y saber que había liberado a aquellos dos hombres de su cautiverio. ¡De vez en cuando sus bromas hasta ayudaban a alguien y todo!

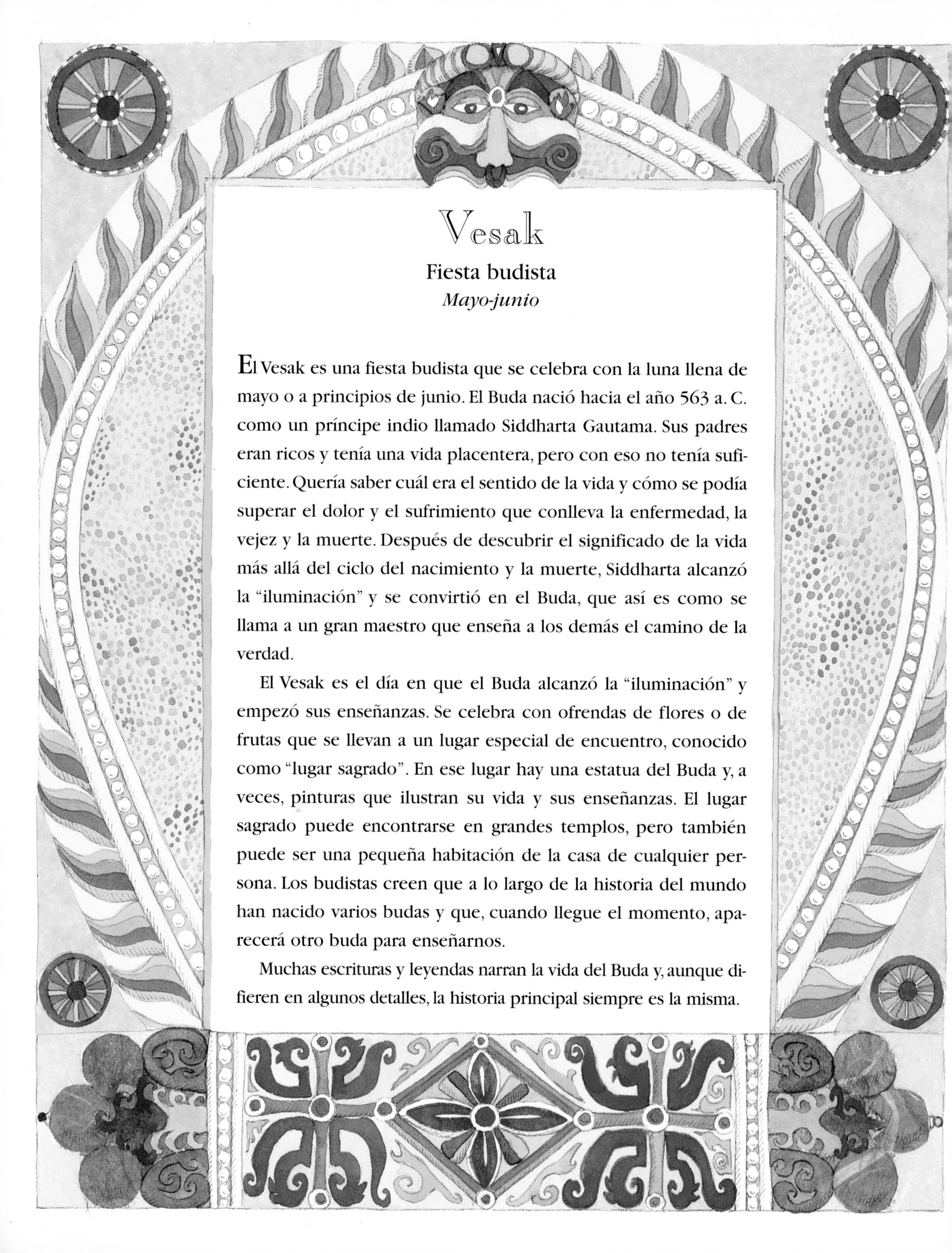

Vesak

Fiesta budista

Mayo-junio

El Vesak es una fiesta budista que se celebra con la luna llena de mayo o a principios de junio. El Buda nació hacia el año 563 a. C. como un príncipe indio llamado Siddharta Gautama. Sus padres eran ricos y tenía una vida placentera, pero con eso no tenía suficiente. Quería saber cuál era el sentido de la vida y cómo se podía superar el dolor y el sufrimiento que conlleva la enfermedad, la vejez y la muerte. Después de descubrir el significado de la vida más allá del ciclo del nacimiento y la muerte, Siddharta alcanzó la "iluminación" y se convirtió en el Buda, que así es como se llama a un gran maestro que enseña a los demás el camino de la verdad.

El Vesak es el día en que el Buda alcanzó la "iluminación" y empezó sus enseñanzas. Se celebra con ofrendas de flores o de frutas que se llevan a un lugar especial de encuentro, conocido como "lugar sagrado". En ese lugar hay una estatua del Buda y, a veces, pinturas que ilustran su vida y sus enseñanzas. El lugar sagrado puede encontrarse en grandes templos, pero también puede ser una pequeña habitación de la casa de cualquier persona. Los budistas creen que a lo largo de la historia del mundo han nacido varios budas y que, cuando llegue el momento, aparecerá otro buda para enseñarnos.

Muchas escrituras y leyendas narran la vida del Buda y, aunque difieren en algunos detalles, la historia principal siempre es la misma.

La vida del Buda

Cuando la rueda del universo ya había girado durante mil años o más, hubo una gran conmoción en el cielo. Dioses y ángeles guardianes manifestaron que había llegado el momento de que naciera un nuevo Buda y que los habitantes de la Tierra estaban preparados para recibir sus enseñanzas otra vez.

La madre elegida para este Buda era la reina Maya, que vivía en la ciudad de Kapilavastu, en la India. Maya tuvo un bello sueño sobre el futuro de su hijo. Soñó que los ángeles la sacaban de casa y se la llevaban a una montaña de plata. Allí la bañaban, la dejaban acostada sobre cojines y la cubrían con flores celestiales. Entonces aparecía Buda en la forma de un poderoso elefante blanco sobre una montaña dorada que quedaba no muy lejos de allí. Con sonoros trompetazos, cogía con la trompa una flor de loto blanca aún sin abrir e iba a buscar a su madre. Al llegar a donde estaba la reina Maya, le tocaba el costado derecho con la flor y penetraba en su cuerpo.

Cuando la reina despertó le contó su sueño al rey, y éste hizo llamar a sesenta sabios sacerdotes brahmanes y los reunió en palacio para preguntarles el significado de aquel sueño.

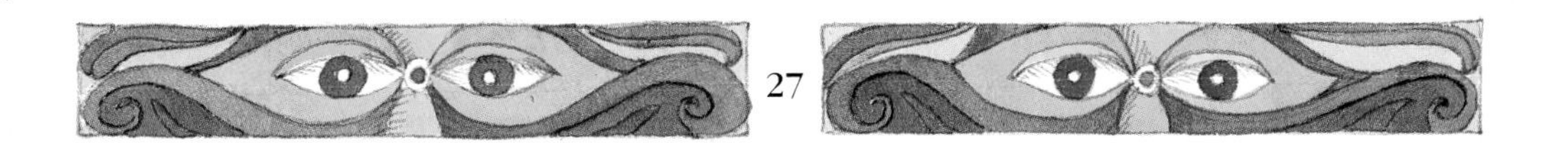

-¡Tranquilizaos, Majestad! -le dijeron-. Si vuestro hijo abandona el palacio y se retira del mundo, se convertirá en un gran maestro espiritual. ¡El mensaje de sus enseñanzas apartará todas las nubes de dudas e ilusiones del mundo!

Cuatro ángeles guardianes se encargaron de velar por el futuro Buda mientras crecía dentro del vientre de su madre, para que no sufriera ningún daño.

Entonces, justo antes de que naciera su hijo, Maya decidió que quería visitar a unos parientes que vivían en otra ciudad, y allí se dirigió con un cortejo de criados que la transportaban en una silla de oro. A mitad de camino, Maya vio un bonito y pequeño bosque, lleno de pájaros y flores, y quiso detenerse un rato. En cuanto puso el pie en el suelo, supo que había llegado la hora del nacimiento de su hijo. Los cuatro ángeles guardianes lo cogieron en una red dorada en el momento de nacer.

Todos los sacerdotes y sabios examinaron a la criatura cuando llegó al palacio. Como anteriormente, algunos le dijeron al rey que su hijo, el príncipe

Siddharta, abandonaría el palacio y se retiraría del mundo. El rey no había prestado atención a aquellas palabras en otras ocasiones, atareado como estaba con multitud de asuntos, pero esta vez no le hicieron ninguna gracia.

-Y ¿cómo sabrá que ha de retirarse del mundo? -preguntó a los sacerdotes.

-Por los cuatro signos -le contestaron.

-Y ¿cuáles son?

-Un viejo, un enfermo, un muerto y un monje -fue la respuesta.

El rey se alarmó; no quería perder a su hijo. Y decidió que mantendría fuera de la vista de su hijo a todos los viejos y a todos los enfermos. También se aseguró de que su hijo no viera a ningún muerto ni a ningún monje. El resultado fue que Siddharta se hizo mayor sin tener la menor idea de que podía enfermar y hacerse viejo, y que todos tenemos que morir un día u otro.

A los dieciséis años, el príncipe Siddharta era un joven atractivo y alegre. Aparentemente, su vida era perfecta. Tenía tres palacios donde vivir, los tres con bailarinas y músicos para distraerle. Era un diestro guerrero y, sin haber recibido instrucción para ello, aventajaba a los mejores arqueros de Kapilavastu.

Cada vez que Siddharta se aventuraba por la ciudad, el rey ordenaba que todos los enfermos y los viejos se quedaran en casa para que su hijo no los viera. Entonces, un día en que el príncipe se dirigía al parque en su carroza, vio a un hombre viejo y canoso que cruzaba la calle: era el primero de los cuatro signos.

-¿Quién es ese hombre tan extraño? -le preguntó al conductor-. ¡Nunca había visto a nadie como él.

El conductor le explicó que todo el mundo se hacía viejo y que el pelo se volvía blanco.

Siddharta regresó al palacio muy preocupado por lo que había visto. Entonces, el rey le puso más guardias cerca e intentó distraerle con los más divertidos espectáculos.

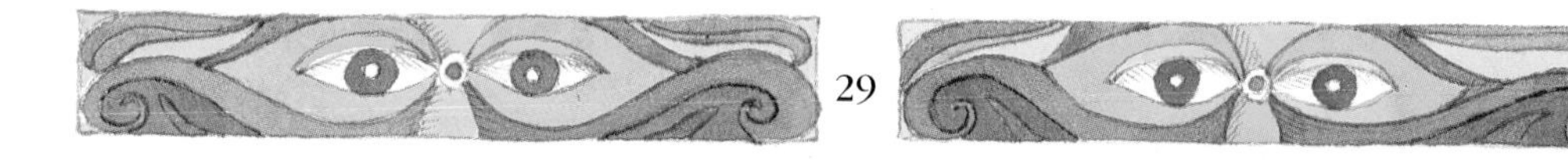

Pero todos los esfuerzos del rey fueron en vano. La siguiente vez que Siddharta salió de palacio con su carroza se encontró con un hombre que estaba muy enfermo, y así descubrió la enfermedad. Después, en otra ocasión, se tropezó con la procesión de un funeral y vio el cadáver de un hombre joven.

-¿Qué significado tiene todo esto? -exclamó-. ¿Por qué está tan quieto ese joven?

-Es la muerte, señor -le dijo el conductor de la carroza-. La muerte se nos lleva a todos de la vida. A veces se nos lleva cuando todavía somos jóvenes.

Siddharta estaba aterrorizado. ¿Por qué pasa eso? ¿No podemos hacer nada por evitarlo?, se preguntaba a sí mismo.

Al final se encontró a un monje, el último de los cuatro signos. Como había anunciado el sabio, eso fue lo que decidió a Siddharta a abandonar el palacio en busca del significado de la vida.

Dijo a sus criados que lo bañaran y lo vistieran por última vez. Pidió que le ensillaran el caballo y, en mitad de la noche, se fue del palacio. Pero ¿cómo conseguiría salir de la ciudad? El rey había ordenado construir unas puertas tan fuertes y pesadas que se necesitaban mil hombres para abrirlas.

Mi caballo las saltará, pensó Siddharta.

Pero no hizo falta. Al acercarse a ellas, éstas se abrieron solas, y Siddharta salió cabalgando de la ciudad real de Kapilavastu.

Para marcar el principio de su nueva vida, Siddharta se cortó la larga cabellera y regaló sus espléndidos ropajes. Se vistió una sencilla túnica de monje y se puso a mendigar comida, como hacen los monjes. Por poco no consigue tragarse su primera comida (¡estaba acostumbrado a los deliciosos manjares de palacio, y aquello eran todo sobras, y mezcladas en el mismo cuenco!).

Eso era lo que deseaba, se dijo estrictamente. Cuando estaba en palacio, quería ser libre como aquel monje que vi. Ahora tengo la oportunidad, y debo aprovecharla.

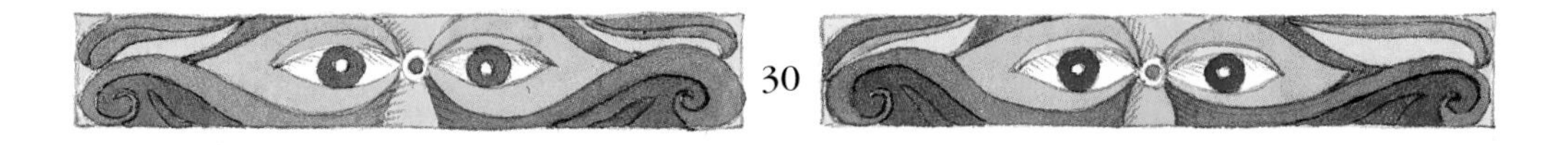

Durante muchos años, Siddharta intentó vivir como algunos hombres santos, puede decirse que comiendo muy poco. Vivió sin calor ni cobijo hasta que su cuerpo bello y luminoso se volvió flaco y oscuro, y a punto estuvo de morir.

Un día que Siddharta estaba sentado bajo un árbol bodhi al lado de un río, vio en la otra orilla a un pescador que enseñaba a un niño a tocar el laúd.

–Si tensas demasiado las cuerdas –le explicaba el pescador– se romperán, y si las dejas demasiado flojas no sonarán, pero si las afinas hasta el punto justo, entonces harás música.

Al oír aquellas palabras, Siddharta comprendió que para alcanzar la sabiduría las cuerdas de la vida no tienen que estar ni demasiado tirantes ni demasiado flojas; en otras palabras, es mejor no ser ni muy rico ni muy pobre, ni pasar mucha hambre ni hartarse de comida.

Sabiendo que la iluminación estaba cerca, Siddharta comenzó a prepararse para la batalla que le esperaba. Mientras seguía sentado debajo del árbol, una joven llamada Sujata le llevó una exquisita comida de arroz y leche servida en un plato de oro. La muchacha a

menudo hacía ofrendas en aquel árbol en concreto, y pensó que Siddharta era el dios del lugar. Él comió lo que le ofrecía la joven con agradecimiento; fue la última comida en las siete semanas siguientes. Entonces, tomando el plato de oro con las manos, lo echó al agua.

–Si hoy voy a convertirme en el Buda, que el plato remonte la corriente del río –dijo.

El plato se desplazó a contracorriente, y fue a parar junto a un montón de platos de oro que habían echado al río otros budas del pasado.

–¡Se acerca otro Buda! –dijo el negro rey serpiente desde el fondo del río al ver pasar río arriba el plato de oro.

Entonces, Siddharta se juró a sí mismo que no se movería de debajo de aquel árbol hasta que hubiese alcanzado la iluminación.

Pero la diosa Mara, que gobernaba todos los sueños e ilusiones de este mundo, quería impedirlo. Y por eso mandó a sus tres preciosas hijas a tentar a Siddharta; pero éste vio que sus almas eran feas e incapaces de conmoverse. Mara lo intentó de nuevo con otra táctica e invitó a Siddharta a ser el rey del cielo, pero a Siddharta no le interesaba. Entonces, Mara intentó atemorizarle

con monstruos y atacándolo con su ejército, pero Siddharta se dio cuenta de que todo aquello no eran más que ilusiones (que se desvanecieron). Entonces llovieron brasas ardientes en forma de aromático sándalo a sus pies y multitud de espadas en forma de pétalos de flores cayeron a plomo.

Siddharta no se inmutó en medio de todo aquel alboroto, y al final Mara fue derrotada. ¡En el cielo, todos los dioses y ángeles proferían exclamaciones de gozo! El lugar de debajo del árbol bodhi se convirtió en el verdadero trono de Buda, el trono de la sabiduría. Porque Siddharta se había iluminado y ahora entendía el sentido de la vida: por qué nacemos y por qué morimos.

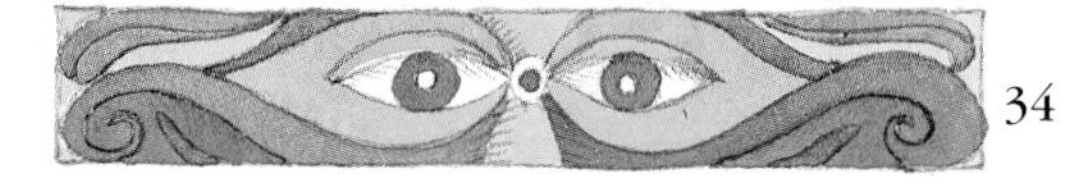

El Buda podía haber vuelto inmediatamente al nirvana, un cielo especial para aquellos que han alcanzado la iluminación. Pero quiso ayudar a los demás a encontrar el camino de la iluminación. Por eso, vivió muchos años como maestro, enseñando a los demás a practicar la meditación, a vivir una vida bondadosa y útil, a buscar la verdad que revela el significado de la vida y de la muerte y que nos hace libres.

Tanabata

Fiesta japonesa

Julio

En todo el mundo se cuentan historias sobre las estrellas del firmamento, por qué se llaman como se llaman y qué las ha colocado donde están. En China y Japón se cuenta a menudo una de dos estrellas que están a ambos lados de la Vía Láctea, la amplia franja de estrellas que puede verse en el cielo por la noche. Dicen que estas estrellas son en realidad dos amantes, un boyero y una hilandera, que están separados por el Río Celestial. Pero una vez al año, el séptimo día del séptimo mes, se les permite cruzar el río para que se encuentren.

Para los japoneses ese día es el Tanabata, si bien la fiesta procede originariamente de China, y las familias lo celebran con fiestas. Los niños adornan cañas de bambú con papeles de colores y campanillas en los jardines. Cuando se hace de noche, las familias se reúnen afuera para ver salir las estrellas y volver a contar la historia de los dos amantes. Se hacen fuegos artificiales y se lanzan cohetes para que lleguen hasta el boyero y la hilandera, felizmente reunidos por un breve tiempo.

Antiguamente, en la celebración china, las mujeres cosían semillas de melón con agujas de plata y oro, y les pedían a las estrellas el don de hilar y coser con destreza. En China, al igual que en Japón, el cuento de los dos amantes se cuenta de maneras muy diferentes, todas ellas basadas en la leyenda china original. Aquí os presentamos una versión de esta historia.

El boyero y la hilandera

En lo más alto del cielo vivía el poderoso emperador de Jade. Su palacio era el más imponente de entre todos los habitados por los demás dioses. Desde allí, sentado en su trono con incrustaciones de piedras preciosas y vestido con la túnica de seda bordada, gobernaba su Corte. Los demás dioses le debían obediencia y un ejército de soldados celestiales siempre estaba dispuesto para mantenerlos a raya si era necesario. Allí también vivía la reina Wang, su esposa, que invitaba a sus famosos banquetes a los dioses, a los que obsequiaba con los Melocotones de la Inmortalidad, cultivados en el huerto celestial del emperador.

El emperador de Jade tenía una hija que hilaba seda y bordaba los adornos de las finísimas vestimentas del rey. Día tras día, la joven hilandera, que así era como se la conocía, trabajaba pacientemente para que el emperador siempre luciera elegante con sus magníficos ropajes de seda, que resplandecían con los dragones bordados con hilo de oro. Trabajaba tanto que nunca tenía tiempo para descansar. Y así fue que empezó a dar muestras de cansancio y hasta al emperador le dio pena de verla en aquel estado. No es que fuera un dios cruel, pero tenía tanto quehacer que no siempre prestaba atención a todo lo que debía.

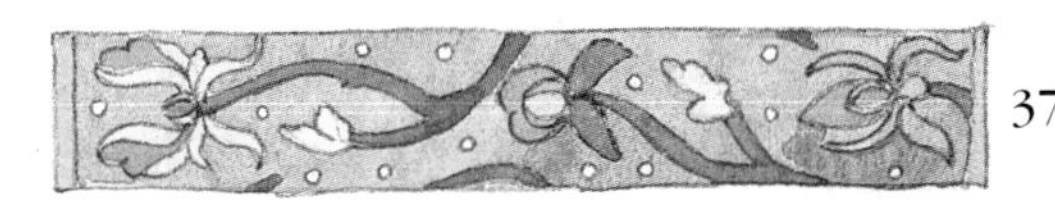

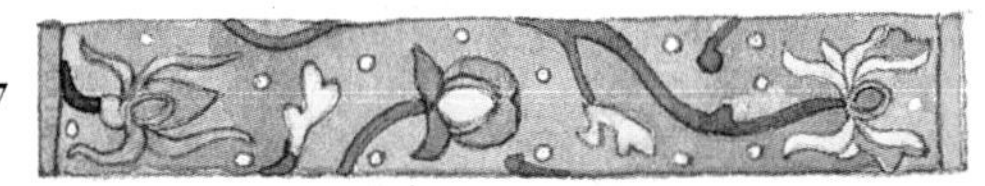

–Llama a tus sirvientas y baja a la Tierra a tomar un baño, querida. Busca un arroyo de aguas frescas donde nadar y ya verás qué bien te sienta.

Y la joven hilandera se dejó caer suavemente a la Tierra con sus criadas, y enseguida encontraron un delicioso río para bañarse. Las muchachas se desnudaron y se metieron en el agua.

No muy lejos de allí, un joven trabajaba en el campo. Su padre le había dejado un buey y un poco de tierra para que pudiera ganarse la vida, y apenas lo lograba. No se quejaba de esta situación, pero se sentía enormemente solo. Ni siquiera tenía tiempo para cortejar a las muchachas. Pero su buey, un animal inteligente, sabía exactamente qué podía sugerirle:

–Señor, hoy deberías dejar el arado e ir al río. Encontrarás a unas hermo-

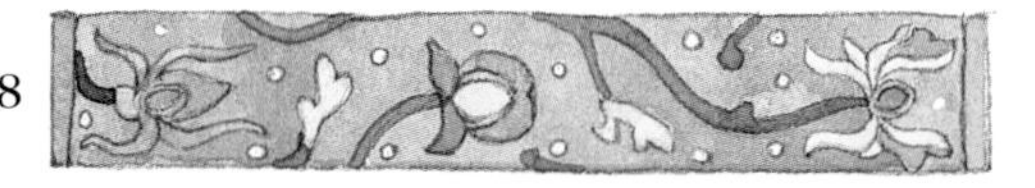

sas muchachas bañándose en él. Han dejado la ropa en la orilla. Cógeles una prenda y escóndesela, y te prometo que ¡no tardarás en tener una bonita esposa!

El boyero no estaba muy convencido, pero hizo lo que su fiel buey le había dicho y bajó al río. Para su sorpresa, ¡había un grupo de lindas jóvenes que sólo hacían que reír y salpicarse en el agua! Y allí al lado, cerca del agua, estaban sus ropas amontonadas.

Las jóvenes estaban divirtiéndose tanto que no se fijaron en el pastor, y éste pudo coger unas cuantas prendas y marcharse corriendo sin que se dieran cuenta. No dejó de correr hasta que llegó a casa y, una vez allí, echó la ropa al pozo que había en el patio.

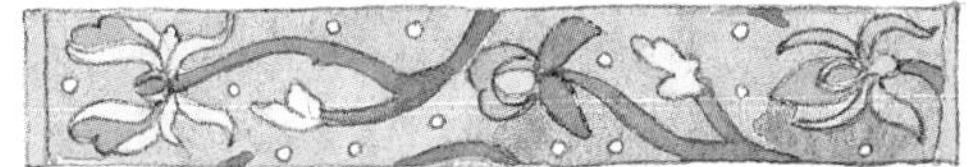

"¡Aquí nunca las encontrarán!", pensó con un sentimiento de triunfo.

En el río, las jóvenes decidieron que ya era hora de salir del agua y de subir otra vez al cielo. Sin dejar de charlar alegremente empezaron a vestirse. Todas menos una: la joven hilandera. No encontraba su ropa por ninguna parte. Y ¿qué haría ahora? ¡No podía volver al cielo desnuda! De hecho, sin la ropa no tenía el poder de volar. Se sentó a la orilla del río y se echó a llorar.

–No llores –oyó que le decía una voz muy cerca.

La joven hilandera miró hacia arriba y vio ante ella a un joven de pie. Tenía una cara amable y, aunque ella tenía miedo, comprendió que el muchacho no quería hacerle ningún daño.

–Ven conmigo y sé mi esposa, y yo te daré ropa para que te vistas –le dijo él.

La hija del emperador no tuvo más remedio que irse con el joven, quien le dio un vestido que había sido de su madre y que le sentaba perfectamente. No tardaron mucho en casarse y en vivir juntos en su pequeña casa. No era precisamente como en el cielo, pero la joven hilandera allí también era feliz. La muchacha hilaba y bordaba y el muchacho trabajaba la tierra. Y con el dinero que ganaban de vender la tela, les iba yendo bastante bien. Y, a decir verdad, la joven hilandera estaba ya un poco harta de toda aquella riqueza y gloria del Palacio Celestial. Era un placer estar en un sitio donde podías olvidarte de todas las reglas del cielo y de sus fastuosos banquetes con invitados de tanto postín. Como mínimo por ahora se sentía satisfecha.

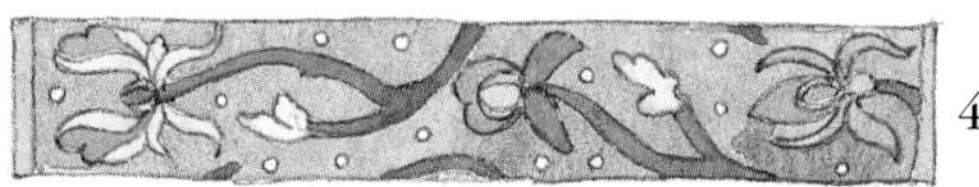

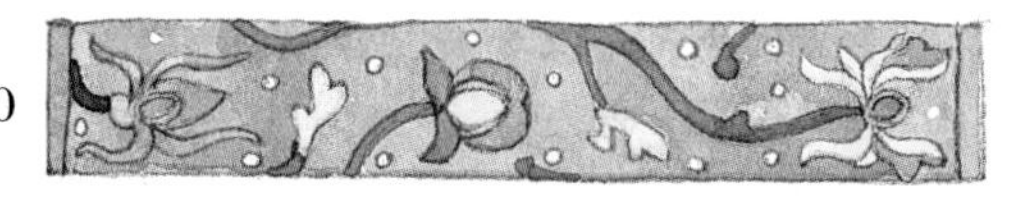

La vida siguió pacíficamente y la pareja tuvo dos hijos, un niño y una niña. Pero al final la joven hilandera empezó a añorarse. Echaba de menos a sus padres y el Palacio Celestial. Se moría de ganas de hacerles una visita.

Finalmente, se lo dijo a su esposo:

–¿Te acuerdas de dónde escondiste mi ropa? ¡Siempre me lo he preguntado! Hace tanto tiempo que estamos casados que ahora ya me lo puedes decir, ¿verdad?

–En el pozo del patio –respondió el boyero, que ni por asomo sospechaba los planes de la muchacha.

Al día siguiente, mientras su esposo trabajaba en el campo, la joven fue al pozo y pescó su ropa del fondo de todo. Sin perder tiempo, le quitó el barro y la lavó lo mejor que pudo. Entonces se la puso y en un abrir y cerrar de ojos se encontró volando por los aires y cruzando las puertas del cielo. Voló arriba, arriba, y no se detuvo hasta que llegó ante las puertas del palacio del emperador de Jade.

Pero el emperador no andaba muy contento. El tiempo corre de un modo diferente allá arriba en el cielo, y lo que en la Tierra son años en el cielo pueden parecer tan sólo días o incluso horas. Sin embargo, el emperador sí que había notado su ausencia.

–¿Dónde has estado? –le preguntó malhumorado–. No había nadie que pudiera encargarse de hilar la seda para mis trajes. ¡Mira!

Y le enseñó un puño de la túnica.

–Ya empieza a deshilarse.

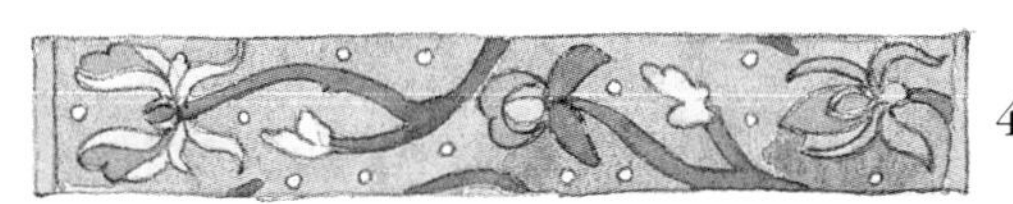

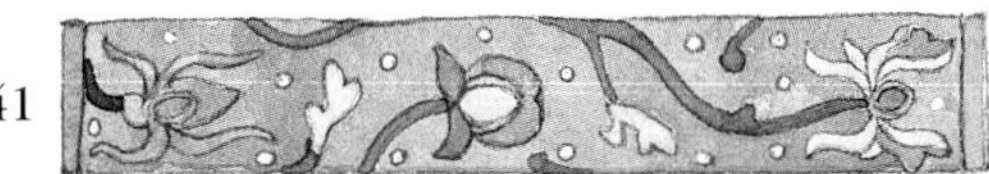

La joven hilandera reanudó su labor celestial y muy pronto casi se había olvidado de su vida en la tierra. Pero su esposo la echaba terriblemente de menos, y los niños no paraban de llorar. El muchacho fue a ver a su viejo amigo el buey, y lo abrazó por el cuello, gimoteando amargamente.

–No llores –le dijo el buey–. Tengo una idea. Mete a cada niño en un cesto y ata los cestos a las puntas de un palo que te colgarás de los hombros. Luego te agarras de mi rabo. ¡Te llevaré volando hasta el cielo!

Y dicho y hecho. El buey se elevó por el cielo, hacia las estrellas del firmamento, ¡con el joven boyero bien agarrado a su cola y las dos criaturas balanceándose dentro de los cestos!

Por fin llegaron al Palacio Celestial.

–He venido a buscar a mi esposa –dijo inflexiblemente a los guardias–. Dejadme ver a Su Majestad el emperador de Jade y se lo contaré todo.

Cuando el boyero hubo acabado de contar su historia, el emperador llamó a su hija y le preguntó si todo aquello era verdad.

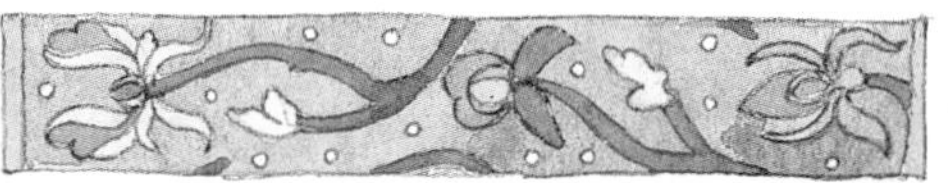

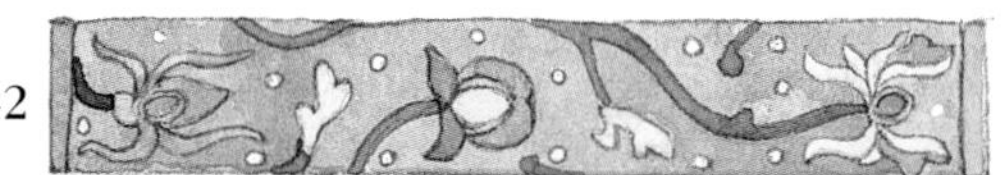

–Sí –contestó, con el corazón rebosando de amor ahora que volvía a ver a su esposo.

–Mira –le dijo el emperador–, mi hija debe hacer aquí su trabajo, y yo no me puedo permitir que vaya a vivir contigo. Pero te diré lo que haremos: te convertiré en un inmortal, y podrás quedarte en el cielo con nosotros. Pero tendrás que vivir en la otra orilla del Río Celestial, para que no distraigas a mi hija en su labor. No obstante, una vez al año, podréis veros.

La joven hilandera y el boyero inmortal (que ahora ya lo era) inclinaron la cabeza en señal de respeto y se fueron cada uno a su casa, una a cada lado del caudaloso río dorado del cielo.

Y una vez al año todas las urracas vuelan desde la tierra hasta el cielo con una ramita en el pico para construir un puente sobre el río para que los dos amantes puedan encontrarse.

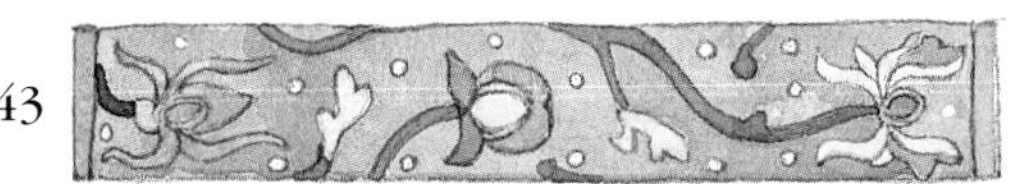

Halloween

Fiesta celta

Octubre

Cuando por Halloween vais por las casas pidiendo golosinas, ¿sabéis que estáis participando en una antigua fiesta celta? El año nuevo celta caía en el primer día de noviembre y se llamaba Samhain. Con el tiempo, la Iglesia convirtió el Samhain en *all hallows* (que en español quiere decir "todos los santos"), un día dedicado a los santos cristianos, y así es como el 31 de octubre se convirtió en la Noche de Halloween.

Sin embargo, en muchos lugares de Gran Bretaña e Irlanda, Halloween se consideraba todavía un momento de fantasmas y brujas. También era una ocasión que la gente aprovechaba para adivinar el futuro y jugar a morder manzanas, la fruta sagrada del inframundo celta, que se juega cogiendo con la boca manzanas que flotan en una tina llena de agua.

En la Noche de Halloween, las pandillas de niños y niñas se disfrazan de fantasmas, de esqueletos o de cualquier cosa que dé miedo y van por las calles llamando a las puertas y diciendo: ¡O nos das una golosina o te gastamos una broma! también es costumbre vaciar calabazas para convertirlas en linternas haciéndoles una boca, una nariz y unos ojos y poniéndoles velitas dentro.

Los irlandeses, por su parte, dicen que las hadas salían a bailar la Noche de Halloween y que son muy astutas, como nos cuenta la siguiente narración.

El cambio de Halloween

En una ocasión, al oeste de Irlanda, vivía un joven llamado Jamie Freel. Era un muchacho guapo y buen mozo, y el hijo más bueno del mundo con su madre viuda. Jamie trabajaba sin descanso para que los dos, madre e hijo, pudieran vivir con comodidades en la pequeña casa que poseían.

–¡Qué hijo más ejemplar, el joven Jamie Freel! –decían todos los vecinos cuando sus propios hijos no trabajaban todo lo que debían–. ¿Por qué no eres como él?

Pero llegó el día en que hasta Jamie oyó la llamada de la aventura. Era por Halloween y decidió ir al caserón que estaba arriba del todo de la calle. El caserón era muy antiguo y estaba deshabitado, pero todos los años por Halloween las hadas celebraban allí una fiesta.

–¡Me voy al caserón, madre, a buscar suerte! –dijo el joven Jamie.

–Pero ¿qué dices? ¡Hijo mío, no puedes hacer eso! ¡Las hadas te matarán!

Pero Jamie ya había salido a la calle y caminaba cuesta arriba. Cuando llegó al caserón, vio luz en todas las ventanas, y los cantos y ruidos de barullo inundaban el aire.

Cuando Jamie abrió la puerta, sus ojos vieron algo extraordinario.

¡Dentro había centenares de personas bailando al son de las flautas, hartándose de exquisitos manjares y divirtiéndose de lo lindo!

–¡Bienvenido, bienvenido, Jamie Freel! –exclamaron–. ¡Ven a divertirte con nosotras!

Jamie se apuntó confiadamente. Bebió y comió, bailó y cantó, se rió y no paró de hablar hasta que ¡se olvidó completamente de la hora que era y de todo el trabajo que le esperaba al día siguiente!

–¡Ven con nosotras, Jamie Freel! –dijeron todas las hadas al final–. ¡Ahora nos vamos a Dublín a secuestrar a una chica joven!

–¡Ya voy! ¡Ya voy! –contestó Jamie imprudentemente.

Dicho esto, todas cruzaron la puerta frente a la que les esperaban caballos mágicos. En cuanto se montó en uno de ellos se vio volando por el aire, cada vez más alto, más alto, por encima de las copas de los árboles y los tejados de las casas, hasta que podía verlo todo y a todos debajo.

Allí abajo todos comían manzanas y tostaban nueces porque era Halloween, pero Jamie sabía que ¡él era el único que vivía una aventura de verdad!

Por fin llegaron a Dublín y la comparsa mágica aterrizó en un lugar donde vivían las familias ricas y las casas eran muy bonitas. Miraron por una ventana y Jamie vio a una joven durmiendo en una cama cubierta de sedas y lazos. Entraron las hadas, la cogieron, y en la cama, en vez de la muchacha, dejaron un palo.

¿Un palo?, pensó Jamie, ¡así no van a engañar a nadie!

Pero mientras observaba todo aquello, ¡vio cómo el palo cambiaba de forma y se convertía en una chica exactamente igual que la que se habían llevado!

Se dirigieron volando a casa, pero antes de llegar al pueblo, Jamie ya se había enamorado de aquella jovencita. Era el ser más dulce y bondadoso que había conocido. Justo cuando estaba a punto de despedirse de las hadas, y presto como un rayo, cogió a la muchacha bruscamente de encima del caballo en que montaba y juntos se fueron calle abajo hasta que se encontraron delante de la puerta de la casa de su madre.

–¡Jamie Freel! ¡Jamie Freel! ¿Así es como nos pagas? –gritaron las hadas, y también ellas bajaron y empezaron a hacer magia maligna de la suya.

Delante de sus propios ojos, la joven comenzó a cambiar de forma. Primero se convirtió en un feroz perro negro, luego en una barra de hierro candente y, por último, en un pesado saco de lana... pero Jamie la agarró muy fuerte todo el rato. Al final, la chica volvió a su verdadera forma.

Después, una bruja vieja dijo chillando:

–¡No puede ser suya! ¡Ahora haré que sea sorda y muda!

Y echó una capa por encima de la muchacha para hechizarla.

–¿Puede saberse adónde has ido y a quién has traído? –le preguntó su madre cuando entraron en casa–. ¡Temía que las hadas te hubiesen matado!

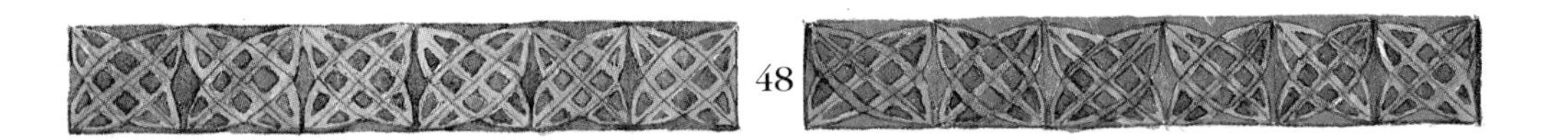

Jamie le contó a su madre todas las aventuras de la noche.

–¡Que Dios te bendiga y nos guarde, Jamie! –exclamó–. ¿Cómo quieres que una chica como ésta coma sopa de calabaza con personas como nosotros?

La chica tiritaba de frío y de miedo, y Jamie la llevó al lado de la lumbre para que entrara en calor.

–¡Pobrecita! –dijo la madre de Jamie–. ¡Ahora tendrás que trabajar para tres, hijo mío!

–Lo haré, madre –dijo Jamie, y cumplió su palabra.

La joven no podía hablar ni oír, y sólo hacía que quedarse sentada en casa muy triste y con las lágrimas resbalándole por las mejillas al acordarse de sus padres y de la preciosa casa donde vivía en Dublín. Pero, al cabo de un tiempo, aprendió a sonreír, a dar de comer a los cerdos y a tejer calcetines de lana; de manera que mientras Jamie hacía redes para pescar y la madre hilaba en un rincón, ella también estaba ocupada.

Con el paso de los días, volvió a ser Halloween.

–Madre –dijo Jamie, poniéndose el sombrero–, ¡me voy otra vez al caserón a buscar suerte!

–¿Cómo dices? –exclamó la madre–. ¿No tuviste bastante con una vez? ¿Tienes que volver a participar en maleficios y causar la desgracia de almas inocentes?

–No tengas miedo, madre –dijo Jamie–. Todo irá bien, ya lo verás.

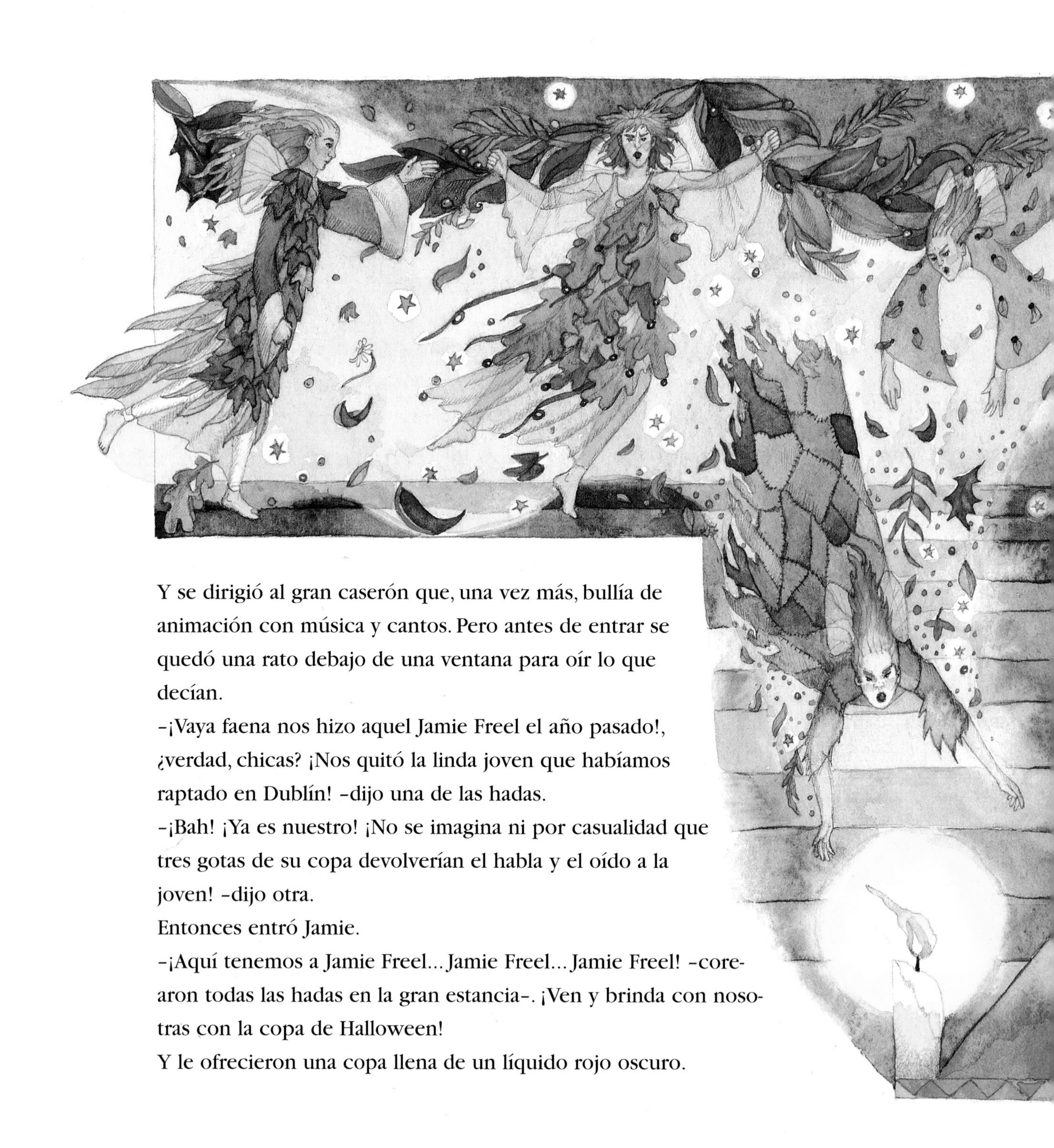

Y se dirigió al gran caserón que, una vez más, bullía de animación con música y cantos. Pero antes de entrar se quedó una rato debajo de una ventana para oír lo que decían.

–¡Vaya faena nos hizo aquel Jamie Freel el año pasado!, ¿verdad, chicas? ¡Nos quitó la linda joven que habíamos raptado en Dublín! –dijo una de las hadas.

–¡Bah! ¡Ya es nuestro! ¡No se imagina ni por casualidad que tres gotas de su copa devolverían el habla y el oído a la joven! –dijo otra.

Entonces entró Jamie.

–¡Aquí tenemos a Jamie Freel... Jamie Freel... Jamie Freel! –corearon todas las hadas en la gran estancia–. ¡Ven y brinda con nosotras con la copa de Halloween!

Y le ofrecieron una copa llena de un líquido rojo oscuro.

Jamie les arrancó la copa y salió del caserón. A sus espaldas todo eran gritos y chillidos, y el líquido de la copa se derramaba por los lados, pero no se detuvo hasta que llegó a su casa.

Entre jadeos y resoplidos, empujó la puerta y dio a beber a la joven las tres últimas gotas que quedaban en la copa.

La joven inmediatamente se puso a hablar y sus primeras palabras fueron de agradecimiento para Jamie y su madre. Los tres estuvieron hablando hasta que vieron llegar la rosada claridad de la alba y cómo se extinguían las mágicas luces hasta el año siguiente.

La muchacha quería regresar a Dublín para volver a ver a sus padres, y ella y Jamie viajaron días y

días juntos hasta que llegaron a la gran mansión en la que había vivido toda la vida. Llamaron a la puerta, y la abrió su padre.

–¡Padre, he vuelto! –le anunció con alegría, pero su padre nada más verla intentó cerrar la puerta otra vez.

–¿Cómo osas decir que eres mi hija? –gritó enfadadísimo–. ¡Mi hija está muerta y enterrada!

La chica que las hadas habían cambiado era una criatura enfermiza que había muerto antes de terminar el año.

–¡Ve a buscar a mi madre, ella sabrá quién soy! –exclamó la muchacha, llorando amargamente.

Su madre palideció al ver a la muchacha allí de pie delante de la puerta.

-¿Quién eres tú para venir a ocupar el lugar de mi hija? -preguntó la mujer irritada.

-¡Madre, mira esta marca que tengo en el cuello! -profirió la joven-. La tengo desde mi nacimiento.

-Sí, y también la tenía la hija que enterramos -contestó la madre secamente.

Entonces Jamie les contó toda la historia del cambio de las hadas. Y cuando los padres por fin se lo creyeron, se volvieron locos de alegría.

-Te daremos dinero o joyas por habernos devuelto a nuestra hija -le dijeron-. ¡Coge lo que más desees!

-Pero si Jamie se va, yo me iré con él -dijo la muchacha-. ¿Queréis volverme a perder por segunda vez?

-Pues casaos y quedaos aquí con nosotros -dijo su padre.

-Sí, y tu madre también será bienvenida -dijo la madre de la joven.

Y así fue como Jamie y su joven esposa vivieron juntos con amor y felicidad el resto de su vida. ¡Y Jamie nunca olvidó que encontró la suerte del modo más extraño gracias a las hadas de Halloween!

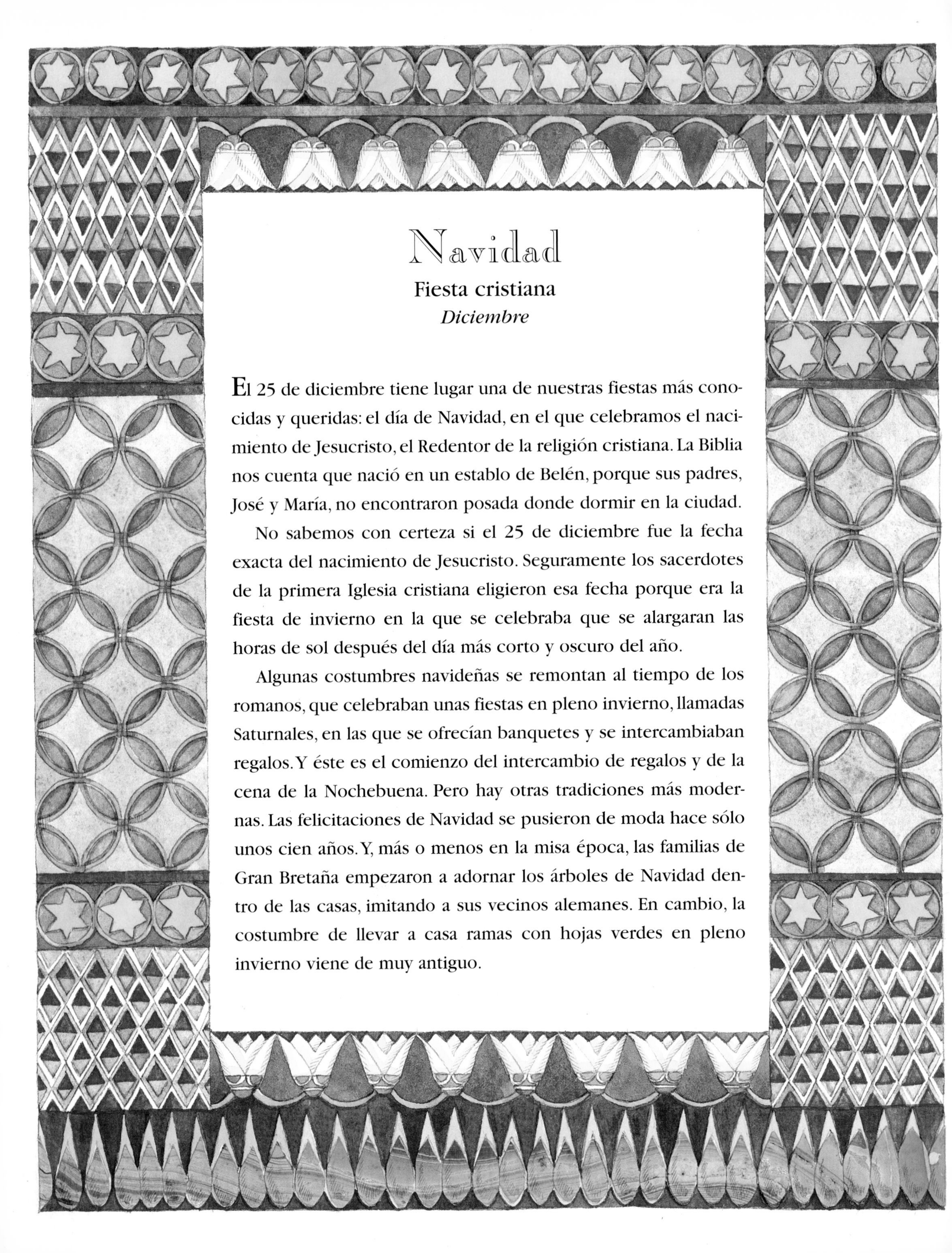

Navidad

Fiesta cristiana

Diciembre

El 25 de diciembre tiene lugar una de nuestras fiestas más conocidas y queridas: el día de Navidad, en el que celebramos el nacimiento de Jesucristo, el Redentor de la religión cristiana. La Biblia nos cuenta que nació en un establo de Belén, porque sus padres, José y María, no encontraron posada donde dormir en la ciudad.

No sabemos con certeza si el 25 de diciembre fue la fecha exacta del nacimiento de Jesucristo. Seguramente los sacerdotes de la primera Iglesia cristiana eligieron esa fecha porque era la fiesta de invierno en la que se celebraba que se alargaran las horas de sol después del día más corto y oscuro del año.

Algunas costumbres navideñas se remontan al tiempo de los romanos, que celebraban unas fiestas en pleno invierno, llamadas Saturnales, en las que se ofrecían banquetes y se intercambiaban regalos. Y éste es el comienzo del intercambio de regalos y de la cena de la Nochebuena. Pero hay otras tradiciones más modernas. Las felicitaciones de Navidad se pusieron de moda hace sólo unos cien años. Y, más o menos en la misa época, las familias de Gran Bretaña empezaron a adornar los árboles de Navidad dentro de las casas, imitando a sus vecinos alemanes. En cambio, la costumbre de llevar a casa ramas con hojas verdes en pleno invierno viene de muy antiguo.

El nacimiento de Jesús

Hace mucho, mucho tiempo, en la ciudad de Nazaret, vivía una muchacha que se llamaba María. Estaba prometida con un hombre llamado José, que era carpintero. Sus planes de boda iban adelante sin tropiezos hasta que un día un ángel se le apareció a María. Era el ángel Gabriel, un mensajero especial enviado por Dios. Gabriel le anunció a la joven que estaba esperando un hijo.
-No temas, María -le dijo Gabriel-. Dios te ha elegido entre todas las mujeres y te dará un hijo. Le llamarás Jesús.

-¿Cómo puedo yo tener un hijo? -preguntó María sin entender nada-. Aún no me he casado y no he estado nunca con un hombre.

-El Espíritu Santo entrará dentro de ti -le respondió Gabriel-. El poder de Dios te cubrirá con su sombra. El niño que tendrás será santo y se llamará Hijo de Dios.

María se postró de rodillas ante Gabriel y le dijo:

-Soy la sierva de Dios. Haré su voluntad, sea cual sea.

Cuando volvió a levantarse, el ángel había desaparecido. Costaba mucho creer que hubiera pasado una cosa tan extraordinaria.

Pero muy pronto María se dio cuenta de que llevaba una criatura en su vientre, y no pasó mucho tiempo cuando José se dio cuenta de que estaba embarazada.

José pensó que María había estado con otro hombre y que le había sido infiel. Ahora no podía casarse con ella, y decidió romper el compromiso con toda discreción. Pero resulta que tuvo un sueño en el que también se le aparecía un ángel que le decía: "José, no temas casarte con María. El niño que lleva dentro es del Espíritu Santo. Le pondrás por nombre Jesús, el Redentor, porque salvará al pueblo de todos sus pecados y de todos los males que ha hecho".

Al despertar, José supo que debía obedecer al ángel. Se casó con María y esperaron pacientemente a que naciera el niño.

Pero antes de que llegara ese momento, tuvieron que abandonar Nazaret e irse a otra ciudad llamada Belén. Todo su país estaba gobernado por el emperador romano Augusto. Ahora el emperador quería contar cuántas personas vivían en su país y ordenó que todo el mundo volviera a la ciudad en la que había nacido y se censara allí. Y por eso José tuvo que ir a Belén, la ciudad de David, porque su familia descendía del rey David.

Cuando José y María llegaron a Belén, la ciudad estaba repleta de gente que había ido a registrarse en ella, y todas las fondas y posadas estaban llenas. José y María no encontraron ningún sitio donde pasar la noche. María estaba agotada y el niño ya le pesaba en el vientre. Buscaron cobijo por todas partes hasta que, al final, en un hostal, les dejaron quedarse en el establo donde estaban los animales. No había camas ni muebles, sólo la paja para los animales y un pesebre de madera.

Por la noche nació el hijo de María. Era un niño, como habían anunciado los ángeles. María le puso los pañales en que se envolvía a los niños. No tenía cuna, y María lo acostó con delicadeza en el pesebre.

No muy lejos de la ciudad, unos pastores estaban todavía vigilando sus ovejas en la montaña. Tenían que estar despiertos para que ningún animal salvaje hiciera daño a sus rebaños o que los ladrones les robaran alguna oveja. Estaba

muy oscuro, pero de repente una luz magnífica lo iluminó todo a su alrededor y en medio apareció un ángel. Los pastores se asustaron, pero entonces el ángel les habló:

–No temáis. Os traigo buenas noticias. Una gran alegría os espera, a todo vuestro pueblo, porque hoy, en la ciudad de David, ha nacido un redentor sagrado. Id y encontradlo; debéis buscar un recién nacido envuelto en pañales y que está en un pesebre.

Y a su alrededor el aire se llenó de ángeles y espíritus celestiales que tocaban una música maravillosa mientras rezaban en voz alta a Dios:

–Gloria a Dios en las alturas. Y paz en la tierra a todos los hombres.

Cuando los ángeles hubieron desaparecido, los pastores se dijeron unos a otros:

–¡Venga, vayamos a Belén enseguida a verlo con nuestros propios ojos!

Se fueron apresuradamente a la ciudad y empezaron a buscar por todos lados. Y todo fue pasando como el ángel les había dicho: encontraron al recién nacido en pañales acostado en un pesebre. María y José estaban asombrados de cómo los pastores les habían encontrado, y María se guardó la historia como un tesoro en lo más hondo de su corazón.

Los pastores adoraron al recién nacido, y después regresaron con sus rebaños alabando a Dios por lo que habían visto y oído.

Los pastores no habían sido los únicos en descubrir al Redentor. De un país lejano habían llegado tres hombres sabios, que también buscaban al Niño. Sabían leer las señales del cielo y ver el futuro escrito en las estrellas. Al ver una estrella muy especial que no habían visto nunca y que brillaba mucho supieron que un nuevo Mesías o un rey sagrado estaba a punto de nacer. Primero fueron a Jerusalén, donde vivía el rey Herodes, el rey que gobernaba

a los judíos dentro del imperio romano. Los tres sabios recorrieron la ciudad, preguntando por el Niño a todas las gentes que encontraban.

-¿Dónde está el niño que acaba de nacer para ser el rey de los judíos? Hemos visto aparecer su estrella por Oriente, y hemos venido en su busca.

La noticia de lo que estaba ocurriendo llegó hasta el rey Herodes, que se quedó muy preocupado. Hizo llamar a los sacerdotes y escribas de los judíos.

-¿Dónde ha nacido el Mesías?

En las escrituras estaba escrita la llegada del Mesías, el Salvador que traería la libertad a los judíos. Los sacerdotes y los escribas le leyeron algunas de estas profecías.

-En Belén -le dijeron.

Herodes sabía que la mejor manera de seguir la pista de aquel Niño era enviar a los tres sabios a buscarlo, y los llamó a su palacio.

-Buscad bien a ese recién nacido -les dijo- y cuando lo encontréis, venid y decidme dónde está. Yo también iré a presentarle mis respetos.

Pero por supuesto no eran ésas sus intenciones. Lo único que quería era impedir que ninguna otra persona llegara a ser el rey de los judíos.

Los tres sabios siguieron la misma estrella que les había guiado en su viaje. Ésta se movía por en medio del cielo y la siguieron hasta que se detuvo exactamente encima del lugar donde estaba Jesús. Sus corazones se llenaron de gozo al encontrar al Niño con María y José. Entraron

en el establo y se arrodillaron para adorarlo. Después le ofrecieron valiosos regalos de su tesoro: oro, incienso y mirra.

Pero el primer plan de Herodes no salió bien. Los sabios nunca volvieron a su palacio: uno de los sabios había tenido un sueño en el que le avisaban que no fuese a visitar a Herodes, y por eso regresaron por un camino distinto.

Después de su visita, un ángel se apareció nuevamente a José en un sueño y le dijo: "¡Levántate, José, os tenéis que ir de aquí inmediatamente! Ve a Egipto con Jesús y María y quédate allí hasta que yo te diga que puedes volver. Herodes quiere encontrar al Niño para matarlo".

Aunque era noche cerrada, José despertó a María y toda la familia se fue deprisa y corriendo.

Herodes enseguida se dio cuenta de que los sabios le habían traicionado, y se enfureció mucho. Ordenó a sus soldados que mataran a todos los niños de Belén menores de dos años. Hasta mucho tiempo después, la ciudad vivió sumida en el dolor y la pena de todos los padres que lloraban la pérdida de sus hijos.

Pero José, María y el Niño Jesús pudieron huir y llegar sanos y salvos a Egipto, donde se quedaron hasta que el ángel se le apareció a José en un sueño.

-Herodes ha muerto -dijo el ángel a José-. Podéis volver los tres a Israel.

Y así fue como José y su familia volvieron a Nazaret, donde Jesús creció y empezó su tarea sagrada de enseñar a la gente a amar a Dios y vivir en paz todos juntos.

Kwanzaa

Fiesta caribeña

Diciembre

La mayoría de las fiestas que conocemos se han celebrado durante centenares e incluso miles de años. Pero hay una que se empezó a celebrar en 1966. El Kwanzaa fue creado por el Dr. Maulana Karenga para reunir a todas las personas negras y recordarles sus raíces africanas. Ahora, la celebración es muy popular entre las comunidades negras, sobre todo en América.

El Kwanzaa empieza el 26 de diciembre y dura siete días. La celebración se hace en las casas y es un momento para reunirse familias y amigos, hacerse regalos, cantar canciones y contarse historias. Se reparte una panocha de maíz a cada uno y todos beben de una misma Copa de la Unidad, llamada Kikombe Cha Umoja.

También se encienden velas, una por cada día de fiesta. Cada día tiene un tema especial, por ejemplo, la Unidad, la Fe, la Responsabilidad o el Trabajo Colectivo, que se recuerda mediante historias y oraciones. Se anima a todo el mundo a utilizar este tipo de ideas para fortalecer su vida familiar y ayudar a construir la comunidad. Las historias que se cuentan suelen provenir de África o del Caribe, aunque se pueden contar historias procedentes de otros sitios.

La que presentamos a continuación corresponde al Quinto Día y está dedicada a Nia o "propósito". Trata de los warau, que, según dicen en las Indias Occidentales, fueron uno de los pueblos que primero descubrieron la Tierra.

Los warau bajan a la Tierra

Hace mucho, mucho tiempo, los warau vivían en una Tierra que estaba más arriba del cielo. Allí vivían felices. Su mundo era como el nuestro, ya que tenían hierba y ríos, montañas y árboles. Pero una cosa era muy diferente: ¡no había animales! En cambio, había todo tipo de pájaros. Los warau apreciaban las aves y lo que más les gustaba eran sus plumas. ¿Por qué? Pues porque les gustaba mucho hacerse tocados para adornarse la cabeza con plumas y después lucirlos en fiestas y danzas. ¡Se hacían los tocados más vistosos que os podáis imaginar!

Entre los warau había un joven cazador que se llamaba Okonorote, que había decidido que su tocado sería el más bonito de todos. Cada vez que salía a cazar con el arco y las flechas, buscaba los pájaros más preciosos. Y encontraba muchos, pero sus plumas nunca acababan de ser tan especiales como las que veía en sus sueños.

–¡Claro, éso son sólo sueños! –le decía la gente–. ¿Por qué no te calmas? No necesitas nada más. ¡Conténtate con lo que tienes!

Pero Okonorote no hacía caso a nadie. Siguió buscando hasta que un día que estaba muy lejos de casa vio un pájaro como no había visto otro igual en toda su vida. Tenía unas plumas más brillantes que el sol y con más

colores que el arco iris. Deseó poseerlas más que ninguna otra cosa del mundo.

–¡Oh, pájaro del Arco Iris! ¡No descansaré hasta darte caza!

Okonorote pensó que no le costaría mucho. El pájaro descansaba sobre una rama y se arreglaba las bellas plumas de la cola, que eran verdes como las esmeraldas y rojas como los rubíes. Parecía, en verdad, que estuviera amaestrado... ¡Hasta un niño podría haberlo cazado!

Okonorote lo apuntó con la flecha. Pero en un abrir y cerrar de ojos el pájaro se fue y el aire sólo le devolvió a Okonorote un extraño chillido. ¡Se puso furioso!

–¡Cazaré ese pájaro! ¡Juro que o lo encuentro o me muero!

Okonorote era joven y se creía capaz de cualquier cosa en el vasto mundo de encima del cielo. Pero cinco días después ya no estaba tan seguro de sí mismo. Cada vez que veía al pájaro, no podía acercarse a él lo suficiente para dispararle la flecha. Al cabo de cinco días ya estaba cansado, cansado de correr por las abiertas llanuras tras un relámpago de colores brillantes, cansado de acercarse a su presa sin hacer el menor ruido.

Pero al quinto día tuvo suerte. ¡El pájaro también estaba cansado! Se posó en una rama para descansar y cerró los ojos. Ni siquiera un pájaro mágico del Arco Iris es capaz de volar por siempre jamás. Okonorote lo apuntó otra vez. Disparó. El pájaro cayó pesadamente en el suelo y Okonorote fue corriendo al lugar donde había caído.

Pero ¿dónde estaba? El pájaro del Arco Iris era lo más resplandeciente del bosque; sin embargo, ahora no lo veía por ningún lado. Apartó ramas y revolvió el sotobosque con su arco, pero el pájaro no estaba. ¿Sería el espíritu de un pájaro que había vuelto volando a los dioses?

Entonces miró hacia abajo y delante de él vio que había un gran agujero en el suelo. Okonorote se arrodilló y apartó las hierbas para verlo mejor. Esperaba que fuera un oscuro agujero preparado como una trampa y que el pájaro estaría en el fondo. ¡Pero el agujero se abría al aire! Y en el fondo, debajo, se veía una Tierra nueva. Lo que Okonorote estaba mirando era nuestra Tierra.

A primera vista parecía que era como la suya. Vio bosques y llanuras no muy diferentes de los que ya conocía. Pero... ¿qué era aquello?

Había montones de extraños seres moviéndose por allá abajo. Vio grandes rebaños de vacas y manadas de antílopes que corrían. Había todo tipo de animales que no había visto nunca.

Okonorote sabía que fuese como fuese tenía que bajar a aquella Tierra nueva. Pero para hacerlo necesitaba ayuda, y fue a explicarles a los habitantes de su pueblo cómo era el lugar maravilloso que había visto. Al principio, nadie le hizo caso.

–¡Estás trastornado –le dijo uno de los ancianos–. Lo has soñado. Después de cinco días, claro que estabas cansado. Te tumbaste y te quedaste dormido.

–¡Vaya sinvergüenza! –dijo otro–. Dices que es una Tierra nueva, ¿no? Y ¿cómo puede ser que nosotros, los sabios, no hayamos visto nunca ese agujero? No seas tan pretensioso y atrevido.

El muchacho estaba casi a punto de darse por vencido cuando algunos de sus amigos le fueron a ver y, cuchicheando para que los ancianos no los oyeran, le dijeron:

-¡Okonorote! ¡Nosotros sí que te creemos! ¡Iremos contigo!

Y se fueron todos simulando que era una salida como tantas otras para ir a cazar. Okonorote les llevó hasta el sitio adecuado sin dudar en ningún momento.

-Aquí -les dijo-. ¡Mirad y veréis lo que os digo!

¡Los amigos se quedaron tan sorprendidos que apenas podían hablar! Querían bajar a aquel lugar lo antes posible. Pero ¿cómo lo harían?

-Necesitamos una cuerda -dijo Okonorote-. Mejor aún, una escalera de cuerda.

El grupo de jóvenes cazadores volvió al pueblo y convenció a las mujeres y a las niñas warau para que les tejieran una escalera muy fuerte de cuerda, todo lo larga que pudieran imaginarse y aún otra mitad más. Les hicieron creer que la necesitaban para hacer una trampa para cazar pájaros.

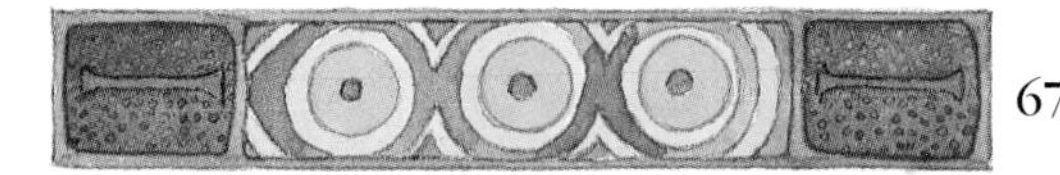

Entonces se la llevaron al agujero, pero la escalera no era suficientemente larga. No llegaba casi ni a las copas de los árboles de abajo.

–Tenéis que alargar un poco más la escalera si queréis que os traigamos unos pajarracos bien hermosos –les dijeron a las mujeres.

Los jóvenes volvieron a intentarlo, pero la escalera todavía era corta. Se balanceaba por el aire por encima de la verde hierba que crecía en la Tierra.

–Pero ¿qué hacéis? –les preguntaron las mujeres–. ¿Queréis que nos destrocemos los dedos sólo porque se os ocurren ideas estrambóticas que no dan resultado?

–¡Un poco más..., sólo un poco más y ya está! –suplicó Okonorote–. ¡Os prometemos que ésta será la última vez!

Y así fue. Ahora la cuerda rozaba la copa de los árboles. Los cazadores se felicitaron.

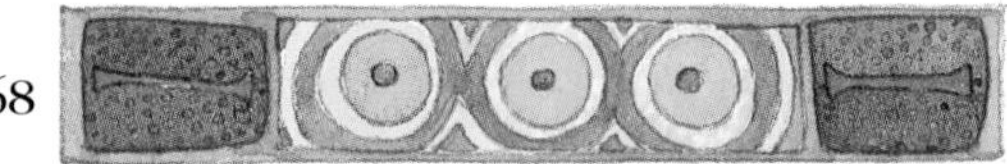

Okonorote descendió por la escalera con una sensación de vértigo y mareo columpiándose peligrosamente por el cielo.

No miró abajo hasta que por fin sintió que su pie rozaba la rama más alta de un árbol. Cuando puso un pie en el suelo, gritó de alegría y echó a correr dispuesto a explorar aquella nueva Tierra. Recorrió bosques y llanuras verdes, admirando todos los animales que veía. Los había grandes, pequeños, peludos, espinosos, tímidos, con manchas, a rayas... para él todos nuevos y maravillosos. Finalmente, disparó a un ciervo y cuando se hizo de noche lo asó en un fuego. ¡Oh, qué delicioso que estaba! ¡Mejor que todo lo que había probado hasta entonces!

Cuando volvió a hacerse de día, Okonorote volvió a subir por la escalera para regresar al país del cielo de los warau. Nada más llegar se fue corriendo a casa para contar su aventura. Y cuando lo oyeron, todo el mundo quería ir allí, hasta los viejos gruñones que primero no le habían hecho caso.

Arriba no quedó ni un solo warau. Todos quisieron bajar por la escalera hasta aquella Tierra en la que había ríos resplandecientes, vastas llanuras y altas montañas, bosques frondosos y escarpadas rocas. Todo era mucho mejor que en la Tierra del cielo, pero lo mejor de todo aquello eran los animales y los peces que podían utilizar como alimento.

Pero Okonorote todavía buscaba el pájaro del Arco Iris.

–Tiene que estar en algún lugar de aquí abajo –se dijo.

Nunca encontró el pájaro del Arco Iris, pero en cambio encontró muchas otras cosas maravillosas en sus paseos, como las frutas de los árboles: plátanos maduros, dulces guayabas y jugosas piñas.

A los warau les gustó tanto la Tierra que decidieron quedarse en ella para siempre. Sólo había una niña que no se sentía feliz allí. Lloraba tanto que le pusieron el nombre de Tormenta de Lluvia. La niña intentó volver a casa, pero cuando subió cielo arriba... ¡ay, señor, había engordado mucho de tanto comer cosas ricas! Tormenta de Lluvia se quedó atrapada en el agujero y por más que se meneó y retorció, ¡no tiraba ni para arriba ni para abajo!

Y aún sigue allí, y sus lágrimas caen de vez en cuando en forma de lluvia. Por eso, ahora ya no se puede mirar por el agujero del cielo y nadie puede volver a la tierra que hay más arriba. ¡Pero la verdad es que tampoco a nadie le interesa hacerlo!

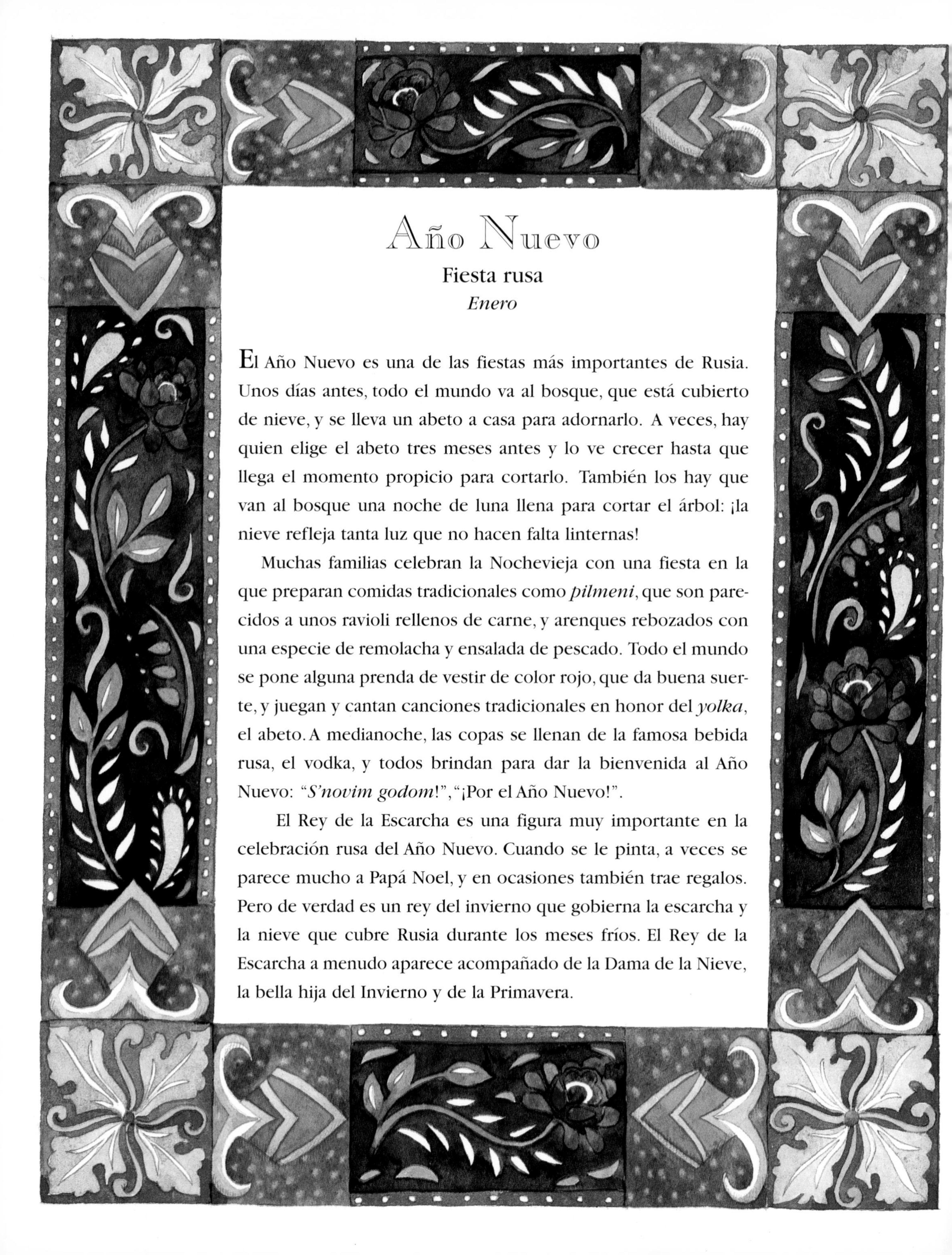

Año Nuevo

Fiesta rusa

Enero

El Año Nuevo es una de las fiestas más importantes de Rusia. Unos días antes, todo el mundo va al bosque, que está cubierto de nieve, y se lleva un abeto a casa para adornarlo. A veces, hay quien elige el abeto tres meses antes y lo ve crecer hasta que llega el momento propicio para cortarlo. También los hay que van al bosque una noche de luna llena para cortar el árbol: ¡la nieve refleja tanta luz que no hacen falta linternas!

Muchas familias celebran la Nochevieja con una fiesta en la que preparan comidas tradicionales como *pilmeni*, que son parecidos a unos ravioli rellenos de carne, y arenques rebozados con una especie de remolacha y ensalada de pescado. Todo el mundo se pone alguna prenda de vestir de color rojo, que da buena suerte, y juegan y cantan canciones tradicionales en honor del *yolka*, el abeto. A medianoche, las copas se llenan de la famosa bebida rusa, el vodka, y todos brindan para dar la bienvenida al Año Nuevo: "*S'novim godom*!", "¡Por el Año Nuevo!".

El Rey de la Escarcha es una figura muy importante en la celebración rusa del Año Nuevo. Cuando se le pinta, a veces se parece mucho a Papá Noel, y en ocasiones también trae regalos. Pero de verdad es un rey del invierno que gobierna la escarcha y la nieve que cubre Rusia durante los meses fríos. El Rey de la Escarcha a menudo aparece acompañado de la Dama de la Nieve, la bella hija del Invierno y de la Primavera.

El Rey de la Escarcha

Había una vez una niña que vivía con su padre, su madrastra y dos hermanastras. Su madre había muerto cuando ella era muy pequeña, y su padre se había vuelto a casar, pero la nueva esposa tenía muy mal genio y odiaba a la niña. Todo lo que hacían sus dos hijas era perfecto, y todo lo que hacía su hijastra estaba mal hecho. Por muy buena voluntad que pusiera, la niña nunca conseguiría satisfacerla.

–¡Echa de mi casa a esa niña! –dijo chillando la madrastra un día a su esposo–. ¡No la soporto más! ¡Llévatela al bosque y abandónala allí!

–¡¿Con el frío que hace?! Se moriría congelada –dijo el hombre alarmado.

Era pleno invierno y todo estaba cubierto de nieve. De los tejados colgaban carámbanos, los ríos estaban helados y todo el mundo alimentaba las estufas de leña día y noche para mantener el calor.

–Sí, ¿por qué no? ¡No hace nada a derechas! Yo no la aguanto más. ¡Quizá pase alguien que se encapriche de ella y se la lleve!

El padre de la niña tenía demasiado miedo de su esposa para contradecirla. La obedeció, como hacía siempre, aunque quería mucho a su hija. Se dijo que tal vez su esposa tuviera razón y que algún joven atractivo la encontraría

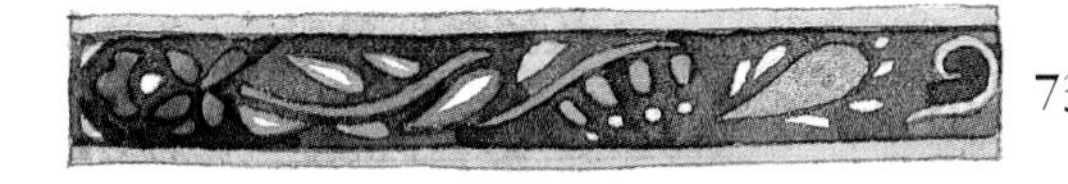

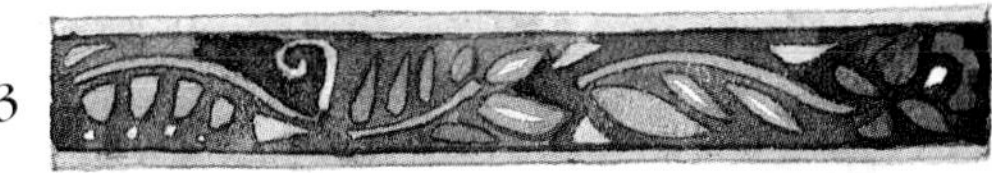

y se casaría con ella, pero en el fondo de su corazón sabía que eso era mentira. Si la dejaba en el bosque con aquel frío moriría congelada. Enganchó su caballito al trineo y llamó a su hija.

–¿Adónde vamos, papá? –le preguntó la niña al emprender el camino.

Ahora ya tenía frío porque su madrastra ni siquiera le permitía ponerse una capa para protegerse del frío.

–Un poco más lejos, preciosa –le dijo su padre tristemente, adentrándose más y más en el bosque.

Se detuvo al lado de un gran árbol y le dijo que se sentara sobre un tronco cubierto de nieve y que esperara con paciencia.

–Alguien vendrá a buscarte, pequeña –dijo antes de volver para casa.

Y hasta las lágrimas que le cayeron por la hija que no volvería a ver nunca más se convirtieron en hielo.

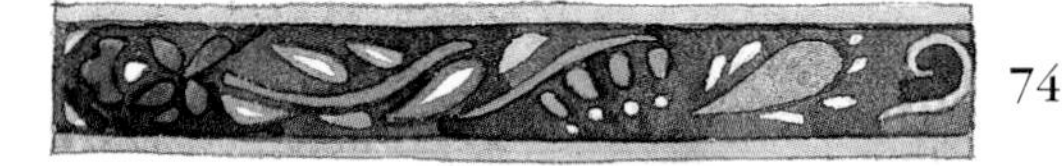

La niña se quedó sentada y esperó pacientemente, pero al cabo de pocos minutos tenía un frío que se moría. ¿Qué esperaba? ¿Y qué haría si nadie la venía a buscar?

De repente, oyó un ruido seco y un crac. Algo se movía por encima de ella, por entre las ramas de los árboles. ¡Cric! ¡Catacroc! Miró hacia arriba y vio un enorme rostro lleno de escarcha que la observaba por entre las ramas. ¡Era el Rey de la Escarcha en persona!

-¿Cómo estás, señorita? -le preguntó con su voz de trueno.

La niña no podía parar de tiritar, pero le contestó educadamente:

-Muy bien, gracias, Rey de la Escarcha.

-¿No tienes frío, verdad, pequeña? -le preguntó inclinándose hacia ella. Cuanto más se le acercaba, más frío tenía la niña, pero aún así contestó:

-No, qué va... gracias, Rey de la Escarcha. ¡No tengo nada de frío, no, gracias!

Pero le era casi tan imposible disimular que le castañeteaban los dientes mientras hablaba.

Cuanto más se inclinaba el Rey de la Escarcha hacia ella, más helada era la ráfaga de su aliento.

-¡Oh! -dijo, dándose cuenta de que temblaba, le castañeteaban los dientes y se estaba volviendo azul por el frío-: ¡Ay, me parece que necesitas alguna cosa para calentarte!

Le puso una gruesa capa de terciopelo sobre los hombros, y el frío se le pasó de golpe.

–Gracias, Rey de la Escarcha –dijo la niña agradecida–. Habéis sido muy bondadoso.

Al Rey de la Escarcha le agradó mucho la educación de la niña y, de un baúl que tenía a su lado, sacó un bonito vestido lleno de bordados con hilos de oro y de plata.

–Es para ti, bonita –le dijo–. Estarás muy hermosa cuando te lo pongas.

La niña volvió a darle las gracias. Entonces, él dejó el baúl cuidadosamente a los pies de la pequeña.

–Es para ti. ¡Te deseo que tengas un feliz matrimonio y una larga vida! Y acuérdate del Rey de la Escarcha cuando les cuentes cuentos a tus hijos sentados en tu regazo.

Entonces, con unos fuertes ¡cric! ¡crac! ¡catacrac! desapareció por entre los árboles.

La niña no podía creer lo que veían sus ojos cuando abrió el baúl. Estaba lleno de oro y de plata, de joyas de todos los tipos y de cosas muy valiosas. ¡Y ahora todo aquello era suyo! Pero ¿de qué le serviría si tenía que quedarse en el bosque para siempre?

Entretanto, la malvada madrastra se iba riendo mientras preparaba los funerales de la niña.

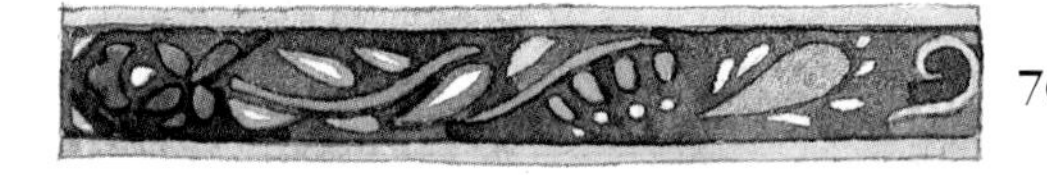

–Ya debe de estar..., ha pasado tiempo suficiente –le dijo a su marido con aire de triunfo–. ¡Vete al bosque y busca su cuerpo!

El pobre hombre volvió a ensillar su caballito por segunda vez y se fue con el corazón encogido. No sabía qué era peor: si llevar a su hija al bosque para que muriera de frío o recuperar su cuerpo y llevarlo a casa.

Pero al llegar a aquel lugar remoto en medio del bosque donde la había abandonado, tuvo el susto más grande de su vida. Allí, sobre el tronco nevado, con un vestido bordado en oro y plata, y con una gruesa capa de terciopelo que la envolvía... ¡vio a su hija! ¡Y a sus

pies había un baúl lleno de tesoros que resplandecían como algo que acabara de salir de un sueño!

El hombre la abrazó y la besó.

-¡Qué contento estoy de volverte a ver, hija mía! -le dijo.

-Sí -contestó inocentemente la niña-. Alguien me ha venido a buscar, papá, como me dijiste.

Y volvieron a casa los dos. Pero ¿le gustó a la madrastra ver llegar a la niña vestida como una princesa? ¡No, claro que no! ¡Se subía por las paredes y tiró al fuego todos los bollos que había preparado para la celebración del funeral!

Pero era demasiado astuta para dejar escapar una oportunidad como aquella.

-Lo que tenga ella también han de tenerlo mis hijas. ¡Llévalas al bosque! ¡Déjalas exactamente en el mismo sitio, el mismo! ¡Y no te atrevas a equivocarte ni un centímetro! -le espetó a su marido.

Así pues, antes que el pobre hombre se pudiera quitar las botas, abrigó bien a sus hijas, con un empujón las montó sobre el trineo y ordenó a su esposo que volviera a subirse al asiento de éste.

El hombre las dejó exactamente en el mismo lugar del bosque, y las dos niñas esperaron impacientemente debajo del gran árbol donde su hermanastra se había sentado. Al cabo de poco, también ellas empezaron a oír ruidos en las ramas y vieron la enorme cara plateada del Rey de la Escarcha que las observaba.

-¿Eh, chicas? -les dijo-. ¿No tenéis frío, verdad?

Una de las niñas le sacó la lengua y la otra le dijo gritando:

-¡Lárgate de aquí, viejo! ¡Tú sí que haces que tengamos más frío! ¡Fuera, fuera, o no nos traerán nuestro tesoro!

-¡Ah! ¿Así que lo que queréis es un tesoro? -les preguntó el Rey de la Escarcha.

-Sí, nuestra hermanastra consiguió uno en este mismo lugar y nosotras también queremos uno. ¡Que

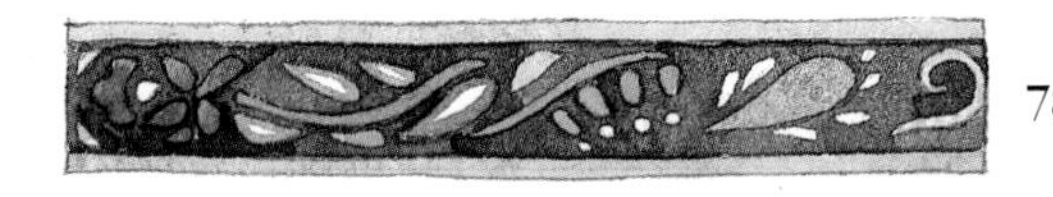

sea el doble, como mínimo! ¡Nosotras somos dos y necesitamos mejores maridos que ella!

-¿Veis el tesoro que se acerca, ahora? -les preguntó el Rey de la Escarcha inclinándose hacia ellas.

-¡No, sólo vemos tus horribles bigotes y tu cara terriblemente fea! ¿No te enteras de que no te queremos aquí? ¡Nos estás congelando!

-¡Sí! ¡Os estoy congelando! -rugió el Rey de la Escarcha con irá-. ¡Y os convertiré en escarcha, niñas maleducadas y avariciosas!

Dicho esto, provocó las escarchas más frías del mundo y las ráfagas de viento más heladas del norte, y las dos niñas se convirtieron en dos pasmarotes de hielo.

El padre volvió al bosque para recoger a sus hijastras y, al regresar a casa, su mujer fue corriendo al trineo para recibirlas.

-¡Espero que hayas cuidado muy bien las joyas y que en el camino de vuelta no hayas perdido ninguna! -le dijo.

Entonces levantó la manta y vio los dos cuerpos congelados. Empezó a gritar y llorar y a tirarse de los pelos con rabia y decepción. Pero no soltó ni una sola lágrima por la muerte de sus dos hijas.

Y de repente, el hombre perdió el miedo que le tenía a su mujer. Cogió a su hija y los dos se alejaron de aquella mujer malvada, y vivieron felices los dos solos. ¡Nunca más tuvieron miedo ni preocupaciones! Vivieron en paz, hasta que un día la niña se casó con un hombre joven y bondadoso y los tres tuvieron siempre suficiente dinero para vivir el resto de su vida tranquila y felizmente.

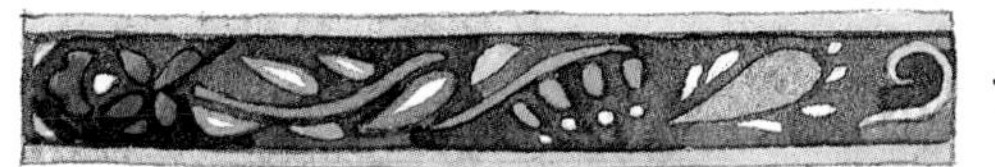

Fuentes

PURIM

El Libro de Ester, Antiguo Testamento

HOLI

Pinturas Kangra del Bhagavata Purana - M. S. Randhawa, National Museum of India, 1960

Mitos hindúes - Traducción de Wendy O'Flaherty, Penguin, 1975

VESAK

Buddhism in translation - Henry Clark Warren, Harvard University Press, 1963

Stories from Dun Huang Buddhist Scripture - Gansu Children's Publishing House (sin fecha)

TANABATA

New Larousse Encyclopaedia of Mythology - Paul Hamlyn, 1959

HALLOWEEN

The Irish Fairy Book - Alfred Perceval Graves, reimpresión en Senate, 1994

A Treasury of Irish Myth, Legend & Folklore - W. B. Yeats, reimpresión en Crown Publishers, 1986

NAVIDAD

Evangelio de San Mateo y Evangelio de San Lucas, Nuevo Testamento

KWANZAA

West Indian Folk Tales - Philip Sherlock, Oxford University Press, 1966

AÑO NUEVO

Russian Lacquer Legends Vol. 1 - Lucy Maxym, Siamese Imports Co., 1981

Heroes, Monsters and Other Worlds from Russian Mythology - Elizabeth Warner, Peter Lowe, 1985

GENERAL

Dates and Meanings of Religious & Other Festivals - John Walshe y Shrikala Warrier, Foulsham Educational, 1997

A Dictionary of British Folk Customs - Christina Hole, Hutchinson, 1976

The Dictionary of Festivals - J. C. Cooper, Thorsons, 1990

Festivals Together- Sue Fitzjohn, Minda Weston y Judy Large, Hawthorn Press, 1993

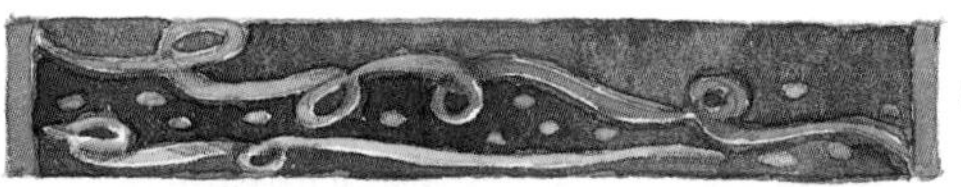